KREATIV.INSPIRATION.

Die Reihe für alle DIY-Fans und Handarbeitsbegeisterten, die tiefer in ein Thema oder eine Technik einsteigen wollen und die nach Inspiration suchen. Entdecken Sie die Ideenreihe mit einer großen Auswahl an originellen Projekten und Anleitungen. Lassen Sie sich inspirieren und werden Sie kreativ!

TASSENGÄRTEN

VORWORT

Schöne Gärten beleben die Sinne, schaffen Atmosphäre und bringen Ruhe und Entspannung. Holen Sie sich doch diese Stimmung einfach in die Wohnung! Ein Traumgarten oder eine stimmungsvolle Gartenszene lässt sich nämlich auch auf kleinstem Raum, wie zum Beispiel in einer Tasse, realisieren!

Die Minigärten sind ein echter Hingucker auf Ihrer Fensterbank, aber auch eine Festtagstafel kann damit dekoriert werden. Die kleinen Gärten eignen sich auch prima als Mitbringsel – statt eines Blumenstraußes –, und Geldgeschenke werden mit dieser Zugabe persönlicher.

Diese Buch zeigt Ihnen, dass das Anlegen dieser Kleinstgärten eine Kunst ist, die jeder beherrschen kann. Sie finden Beispiele für ländliche, exotische und moderne Gärten. Sie können die Anleitungen wie Kochbuchrezepte verwenden oder die Zutaten spielerisch kombinieren, um etwas Einzigartiges entstehen zu lassen. Es gibt die verschiedensten Pflanzen und Accessoires und zahlreiche Möglichkeiten, sie zu kombinieren. Gestalten Sie Ihre Gärten nach Ihren ganz persönlichen Vorstellungen. Vertrauen Sie Ihrem Gefühl und scheuen Sie sich nicht vor Experimenten!

Viel Spaß beim Gestalten!

Annette Kunkel

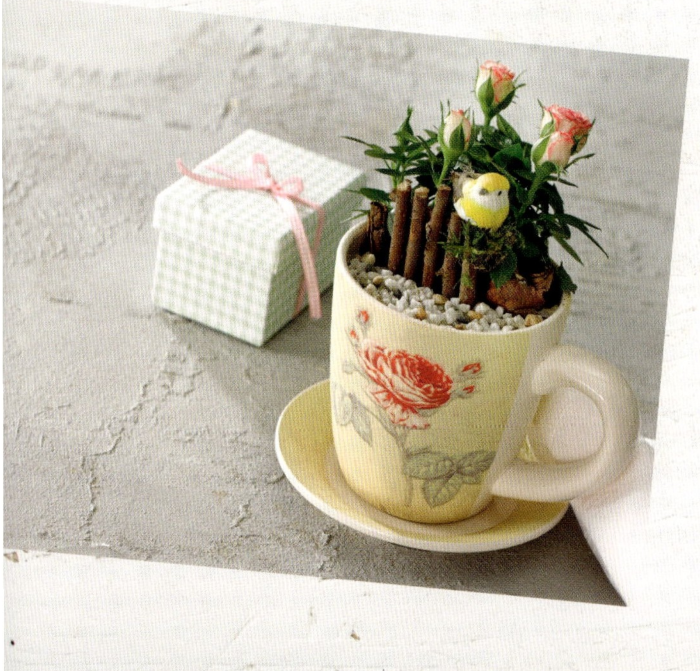

INHALT

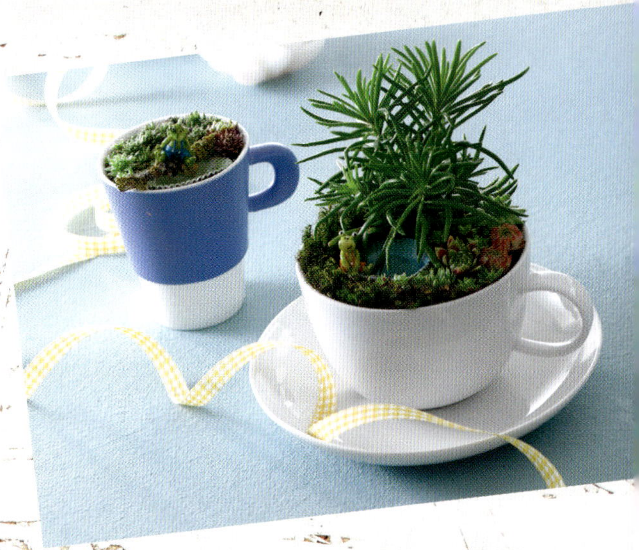

Vorwort 2

Materialien und Hilfsmittel 4

Tipps zu Ausstattung und Gestaltung 6

Aufbau und Pflege der Tassengärten 8

Sukkulenten selbst ziehen 10

- Kinderparadies 12
- Endlich Feierabend! 14
- Piepmatz' Zuhause 16
- Für Frischvermählte 17
- Just married! 18
- Romantik hinterm Gartentor 20
- Exotische Idylle 22
- Lämmchens erster Ausflug 24
- Auf dem Land 26
- Idyllischer Rastplatz 28
- Spaß am Wasser 30
- Urlaubsfeeling 32
- Wellnessoase 34
- Heute ist Waschtag! 36
- Eilige Pflanzenlieferung 38
- Kakteengarten 40
- Gemütliches Ruheplätzchen 42
- Auf der Waldlichtung 44
- Erholung im Grünen 46
- Fernöstliches Flair 48
- Moderner Garten 50
- Rückzugsort für fleißige Gärtner 52
- Zeit zum Ausruhen 54
- Dekorative Finanzspritze 56
- Aufmerksame Nachtschwärmer 58
- Winterimpressionen 60

Vorlagen 62

Impressum 64

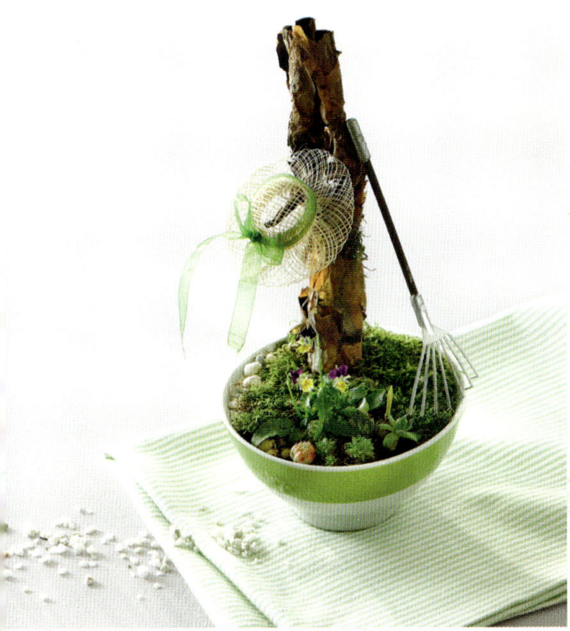

MATERIALIEN UND HILFSMITTEL

Sukkulenten (auch Kakteen und Hauswurze (Sempervivum); Minirosen, Minipalmen, Sternmoos (polsterförmig wachsende Gartenpflanze)

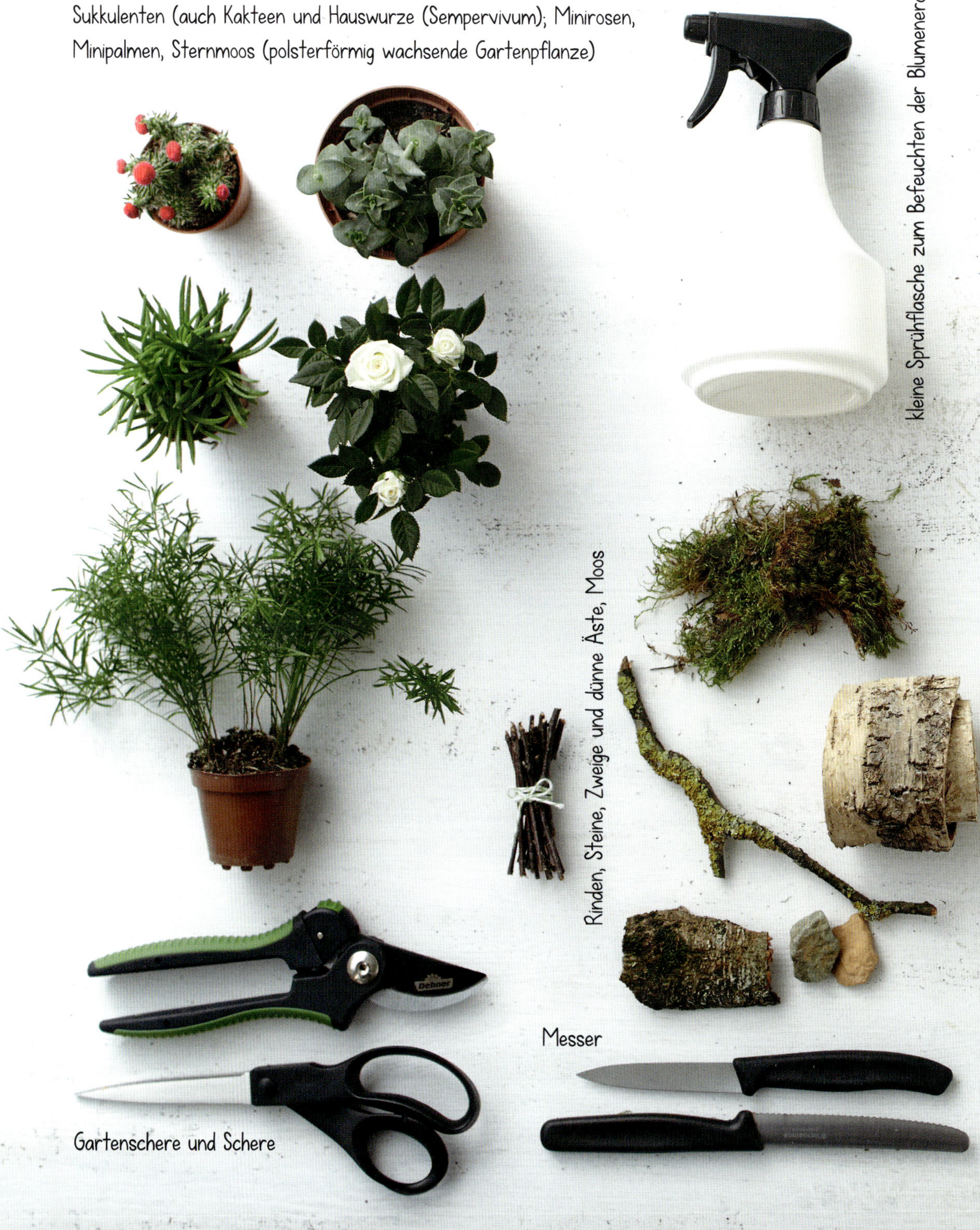

kleine Sprühflasche zum Befeuchten der Blumenerde

Rinden, Steine, Zweige und dünne Äste, Moos

Messer

Gartenschere und Schere

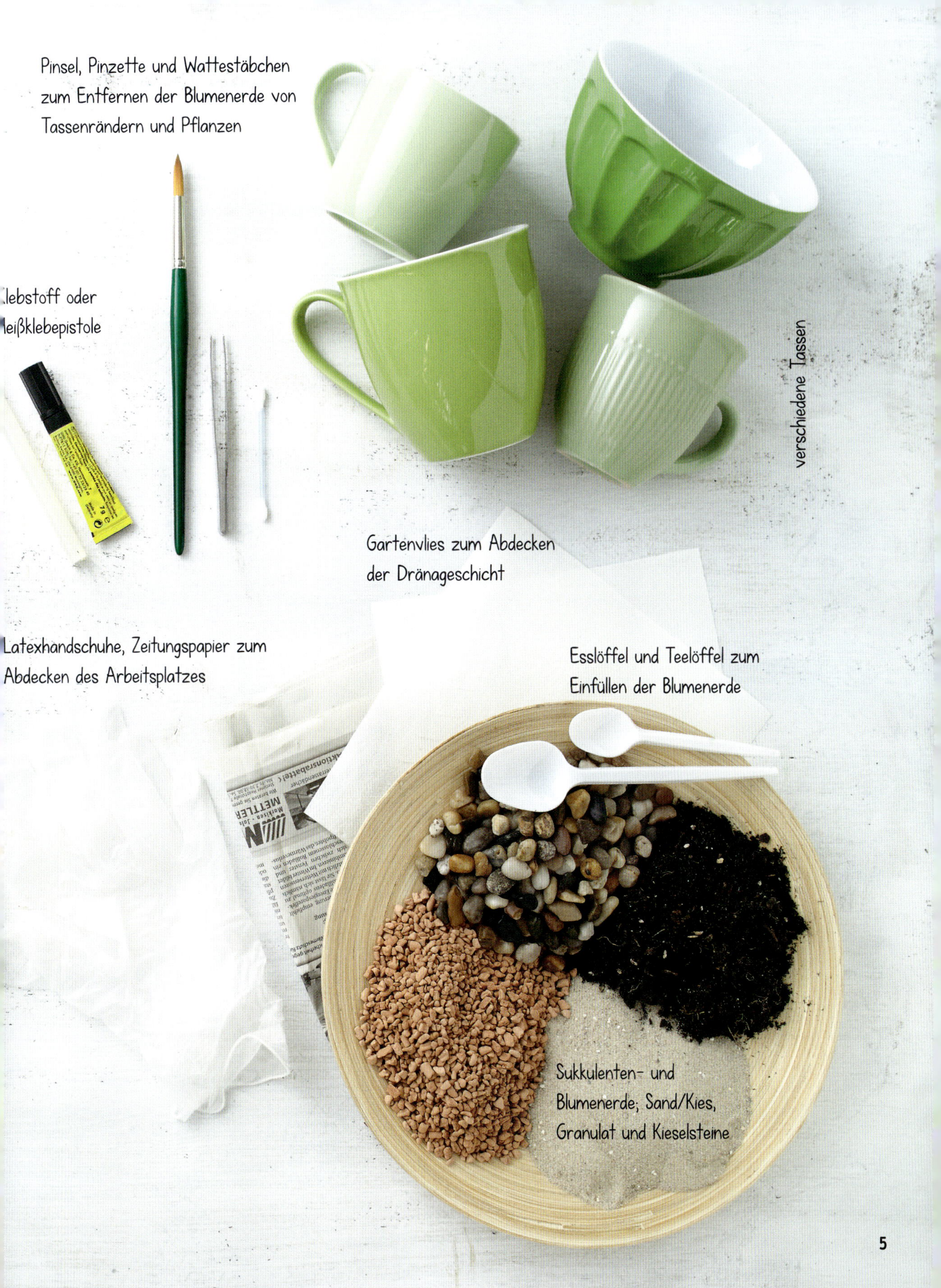
Pinsel, Pinzette und Wattestäbchen zum Entfernen der Blumenerde von Tassenrändern und Pflanzen
lebstoff oder
leißklebepistole
verschiedene Tassen
Gartenvlies zum Abdecken der Dränageschicht
Latexhandschuhe, Zeitungspapier zum Abdecken des Arbeitsplatzes
Esslöffel und Teelöffel zum Einfüllen der Blumenerde
Sukkulenten- und Blumenerde; Sand/Kies, Granulat und Kieselsteine

TIPPS ZU AUSSTATTUNG UND GESTALTUNG

Tassen

Beim Floristen gibt es spezielle Pflanztassen zu kaufen, die meist ein Abzugsloch haben. Sie können aber auch im Haushalt gebräuchliche Tassen verwenden. Jumbotassen und Müslischalen bieten einen größeren Gestaltungsraum. Bei einer Jumbotasse mit einem Durchmesser von 12 cm müssen Sie sich, um eine stimmige Proportion zu erhalten, als Raummaß einen Würfel von 12 cm x 12 cm vorstellen. Bei kleineren Gefäßen entsprechend kleiner. Dieses Maß müssen Sie beim Einkauf der Accessoires vor Augen haben.

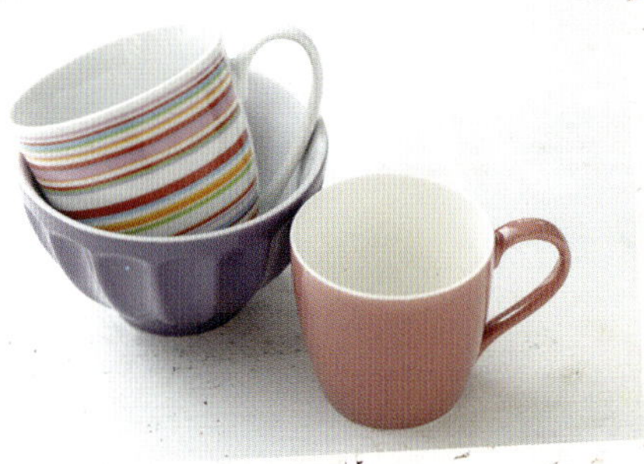

Mini-Accessoires

Minifiguren und andere Accessoires finden Sie im Hobbyfachhandel, beim Floristen oder im Modelleisenbahn- und Modellbaufachhandel.

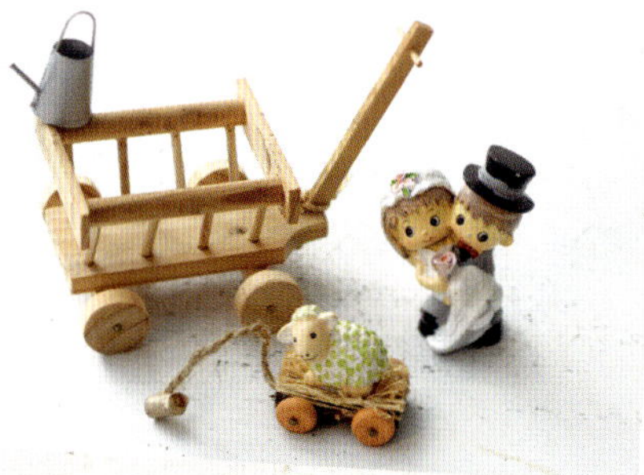

Accessoires aus Naturmaterialien

Naturmaterialien wie Äste, Zweige, Rindenstücke, Flechten, Steine und mehr finden Sie beim Spaziergang im Wald und in der Natur oder beim Floristen und Hobbyfachhändler. Diese können als Gestaltungsobjekt verwendet werden und Sie können daraus auch selbst Accessoires basteln.

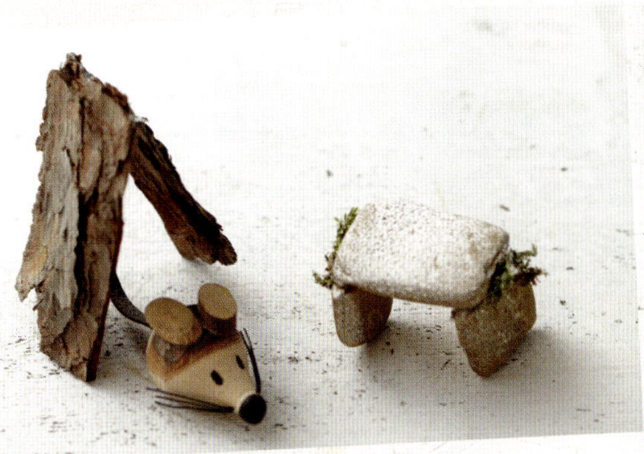

Rinden von Buche, Eiche, Birke, Lärche oder Kiefer sind vielseitig verwendbar, zum Beispiel als Zaun, zum Einfassen eines Beetes oder zur Möbelherstellung. Wenn man Rinden vor dem Verarbeiten einige Stunden in Wasser einweicht, brechen sie nicht so leicht und lassen sich mit einer Gartenschere oder sogar mit einer Allzweckschere schneiden.

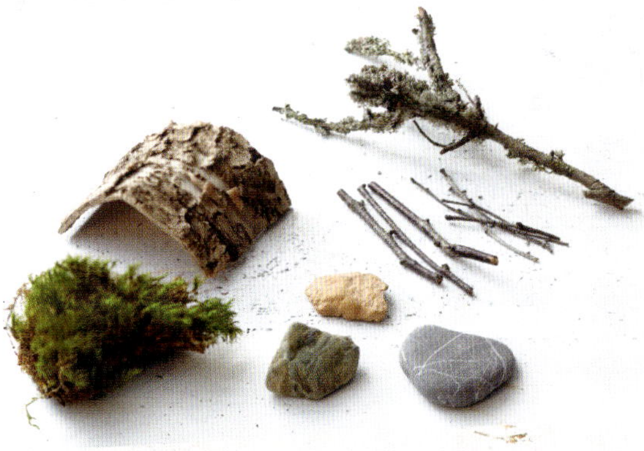

Steine in verschiedenen Kleinformaten bieten, wie in diesem Buch gezeigt, viele Möglichkeiten als Gestaltungsobjekt.

Anwendungsmöglichkeiten für **Zweige** und **dünne Äste** finden Sie in vielen Varianten in diesem Buch. Aus ihnen entstehen unter anderem Bäume, Zäune oder Möbel.

Moos erhalten Sie beim Floristen und in Gartenmärkten. Sie können damit Rasenflächen imitieren oder auch Gartenflächen gestalten.

Pflanzen

Minipflanzen finden Sie in Blumenläden und in Gartenabteilungen der Baumärkte.

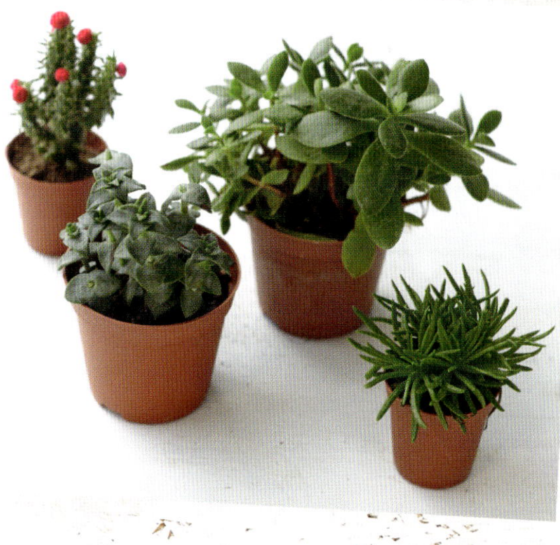

Die Artenvielfalt und Auswahl ist bei Sukkulenten, die auch Dickblattgewächse genannt werden, besonders groß. Oft werden Sie ohne Gattungsnamen als Dickblatt-Mix oder Fettpflanzen angeboten. Zu den Sukkulenten gehören unter anderen auch die Kakteen und Hauswurze (Sempervivum). Letztere werden neuerdings in vielen Varianten auch in Zwergform angeboten. Sie sind ausdrucksstark, lassen sich leicht teilen und eignen sich daher ideal zum Gestalten der Gärten.

Weitere geeignete Pflanzen: Minirosen, Minipalmen, Wasserlilie und Sternmoos (polsterförmig wachsende Gartenpflanze)

AUFBAU UND PFLEGE DER TASSENGÄRTEN

Aufbau mit Substrat/Erde

Auch Dickblattgewächse sterben ab, wenn sie dauerhaft zu selten oder zu sparsam gegossen werden. Die Gießmenge variiert je nach Raumtemperatur, Luftfeuchtigkeit und Jahreszeit. Zu viel Wasser und Staunässe führt zur Fäulnis der Sukkulente. Daher sollte man bei Gefäßen ohne Abzugsloch eine Drainageschicht vorsehen.

1. Das Gefäß je nach Höhe zu einem Drittel oder Viertel mit Splitt füllen.
2. Mit Gartenvlies bis etwa 1–2 cm unterhalb des Tassenrandes bedecken.
3. Das Gefäß soweit mit Erde auffüllen, bis das Vlies bedeckt ist.

Das Gartenvlies wird kreisförming zugeschnitten. Den benötigten Durchmesser ermitteln Sie, indem Sie Gefäßdurchmesser sowie innere Gefäßhöhe ab Splitoberfläche messen. Von der Höhe 1 cm abziehen, dann den Durchmesser sowie zwei Mal die Höhe addieren. Im Beispiel ergibt das 10 cm + (2 × 6 cm) Höhe ab Splitoberkante = 22 cm Gesamtdurchmesser. Diesen Durchmesser mit einem passenden Teller oder einer Schüssel anzeichnen und den Kreis ausschneiden.

Hinweis: Die Pflanzen dürfen erst nachgegossen werden, wenn die Erde komplett durchgetrocknet ist. Die Gießmenge lässt sich am besten mit einer Sprühflasche dosieren. Sukkulenten mögen einen hellen Standort. Deshalb sollte man einen Fensterplatz für sie wählen. Sie vertragen nur

1

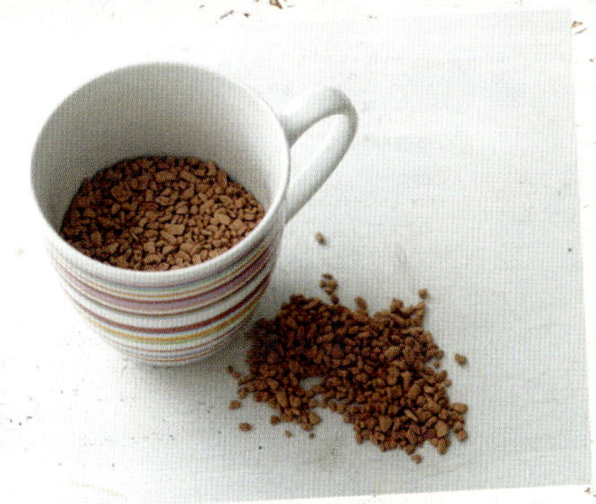

2

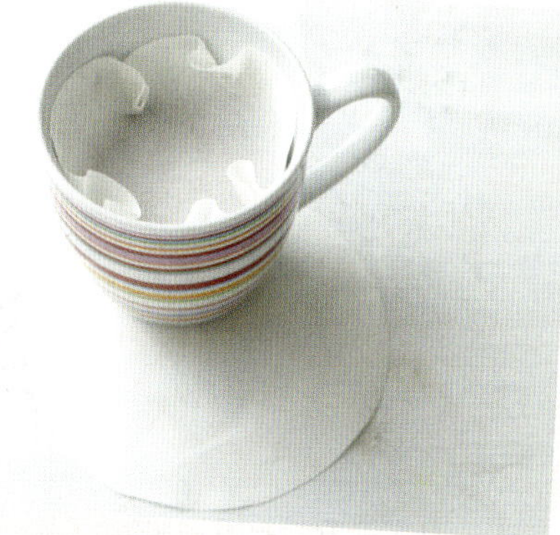

3

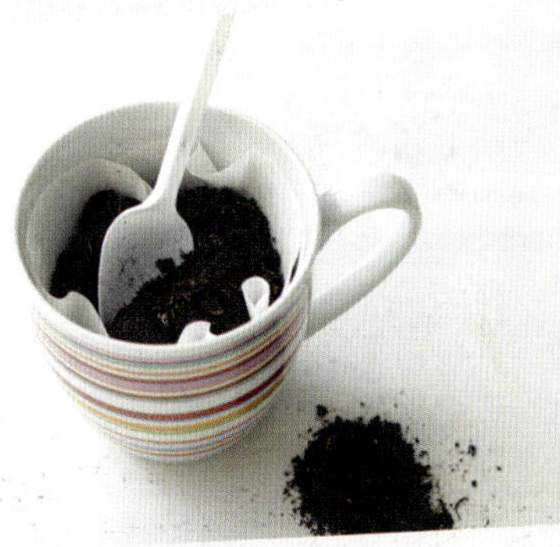

vorübergehend einen dunkleren Platz, wie etwa für die Verwendung als Dekorationsobjekt für einen Festtagstisch.

Aufbau mit Nasssteckziegel

Nasssteckziegel verwendet man in der Floristik zum Stecken von Frischblumen. Bei einigen in diesem Buch gezeigten Modellen wird eine feste Basis zum Stecken von Accessoires im Gefäß benötigt. Dazu eignet sich der Nasssteckziegel. Die Steckmasse hat den Vorteil, dass sie bei kombinierten Steck- und Pflanzmodellen überschüssige Feuchtigkeit, die beim Gießen entsteht, aufnehmen kann. Je nach Modellaufbau wird das Gefäß ganz oder nur zum Teil mit der Steckmasse ausgelegt, oder es werden im Nachhinein Partien mit dem Messer aus der Steckmasse herausgeschnitten.

Der Steckziegel lässt sich mit einem normalen Küchenmesser schneiden. Bei flachen und konisch zulaufenden Gefäßen, speziell, wenn man sie nur zum Teil mit dem Ziegel auslegt, verschafft ein **Pinholder**, den man am Gefäßboden festgeklebt, zusätzlichen Halt. Bei hohen Gefäßen kann man den Ziegel einfach hineindrücken.

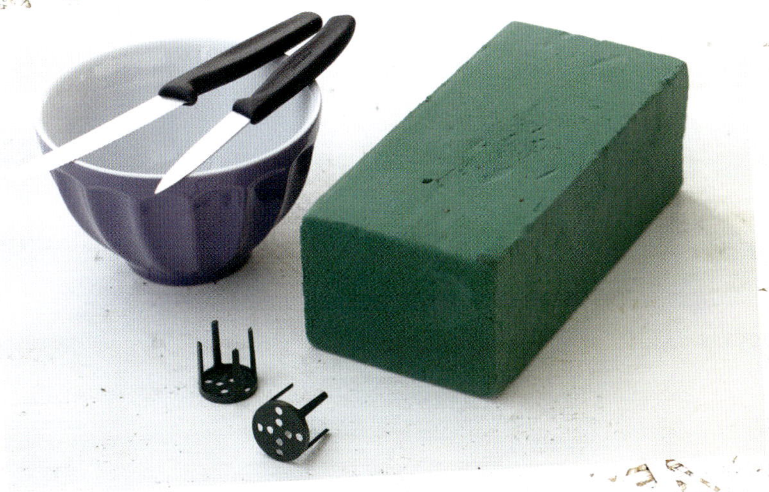

SUKKULENTEN SELBST ZIEHEN

Sukkulenten lassen sich in der Wachstumsphase (April bis August) leicht vermehren, deshalb sollten Sie den Versuch wagen, selbst einen Vorrat an Pflanzen zu ziehen. Es gibt gruppenbildende, sich verzweigende und sich nicht verzweigende Arten.

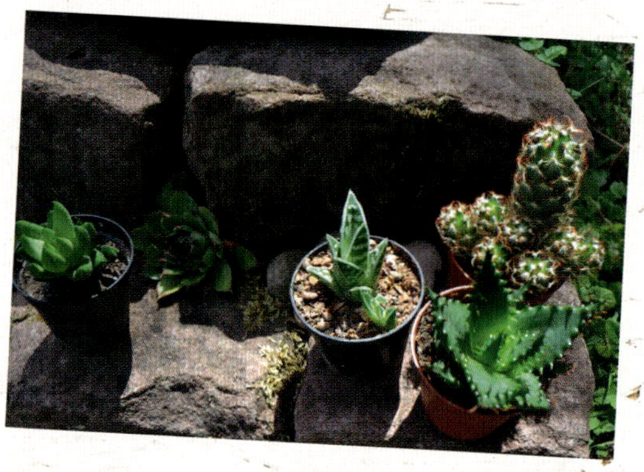

GRUPPENBILDENDE SUKKULENTEN

Zu den gruppenbildenden Arten gehören zum Beispiel Hauswurze. Von der Gruppe lassen sich leicht Pflanzen abtrennen. Diese können sofort eingesetzt werden.

SICH VERZWEIGENDE UND GRUPPENBILDENDE SUKKULENTEN

Von den verzweigt wachsenden Sukkulenten kann man einen Zweig abschneiden und die Schnittfläche zwei bis drei Tage antrocknen lassen. Danach pflanzt man die Zweige nicht zu tief in kleine Pflanzgefäße mit einem Sukkulenten-Substrat und pflegt sie sofort wie ausgewachsene Exemplare.

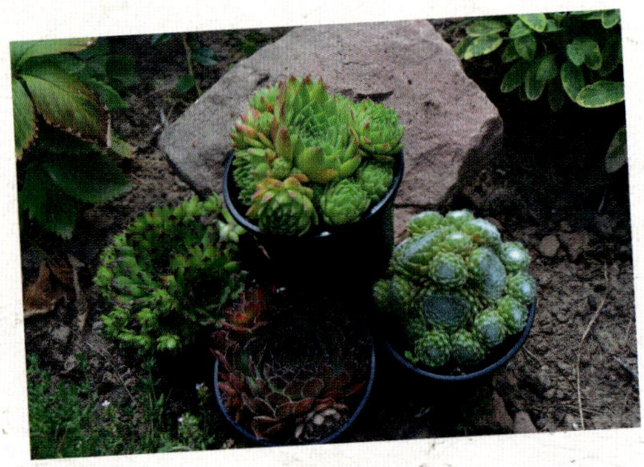

Sukkulenten-Substrat besteht aus humusarmer Erde und mineralischen Bestandteilen. Durch den mineralischen Anteil läuft das Wasser im Substrat zügig ab und verringert dadurch wesentlich die Fäulnisgefahr für die Sukkulente.

UNVERZWEIGT WACHSENDE SUKKULENTEN

Diese Art bildet gerne Nebensprosse, auch Ableger genannt. Die Sprosse entspringen an der Basis der Sukkulente und lasen sich in der Regel leicht abtrennen. Man pflanzt die abgetrennte Sprosse (Kindel) in kleine Pflanzgefäße und pflegt sie sofort wie ausgewachsene Exemplare. Falls die Nebensprosse fester an der Mutterpflanze sitzen und man sie mit einem Messer abschneiden muss, lässt man die Schnittflächen vor dem Einpflanzen zwei bis drei Tage austrocknen. Es ist bei Sukkulenten nicht wichtig, ob ein Kindel beim Einpflanzen bereits eigene Wurzeln besitzt. Ein noch nicht bewurzelter Nebenspross bildet sehr schnell Wurzeln aus, wenn man ihn auf ein leicht angefeuchtetes Sukkulenten-Substrat legt und bei geeigneten Licht- und Temperaturverhältnissen aufstellt.

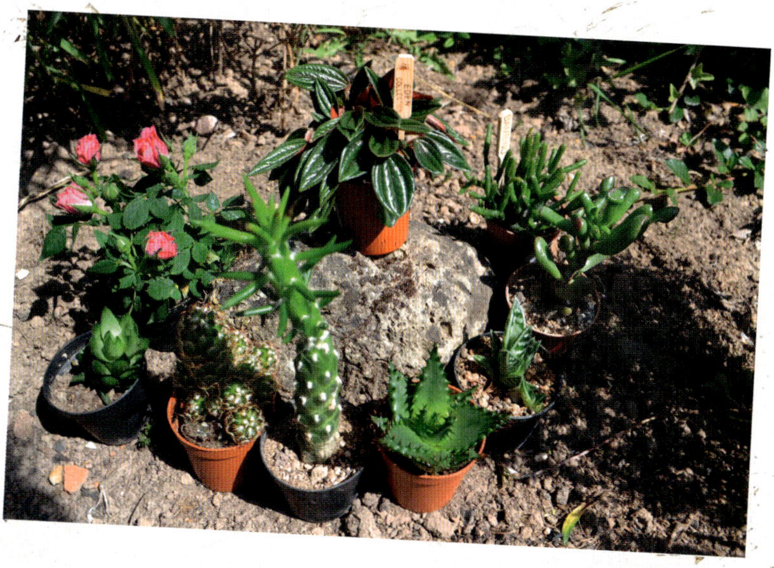

KINDERPARADIES

Schale mit Kakteen

MATERIAL

Kaffee- oder Müslischale, ø 12,5 cm

Sukkulenten: Binsenkaktus und Blattkaktus

Sukkulenten-Substrat

Dekofigur: Junge mit Rad, 9 cm x 10 cm

Federschmetterling, 5 cm x 3,5 cm

Splitt

Gartenvlies

Sand

Granulat in Weiß

ca. 5 Ziersteine

MOTIVHÖHE

ca. 17 cm

1 Die Schale zu einem Viertel mit Splitt füllen und anschließend bis zum Tassenrand mit Gartenvlies auslegen.

2 Die Sukkulenten-Erde einfüllen und die Pflanzen einsetzen. Den Garten mit den Ziersteinen eingrenzen (siehe Foto 1).

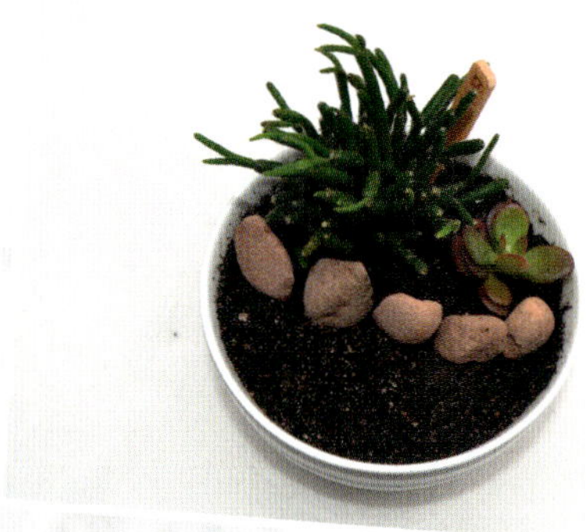

3 Für den Weg die Erde mit Sand und Granulat abdecken (siehe Foto 2).

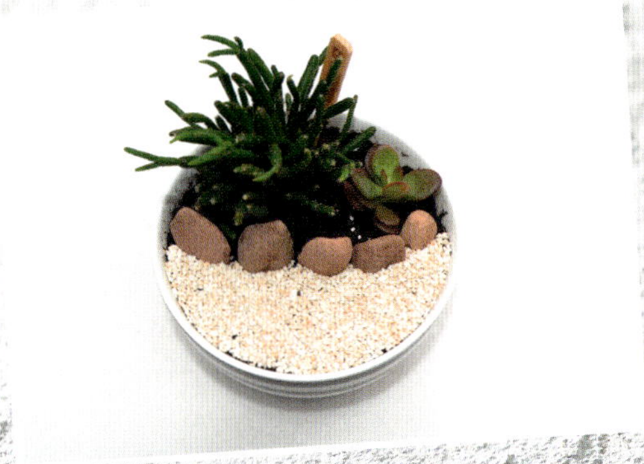

4 Zum Schluss den kleinen Radfahrer auf dem Weg und den Federschmetterling im bepflanzten Bereich positionieren.

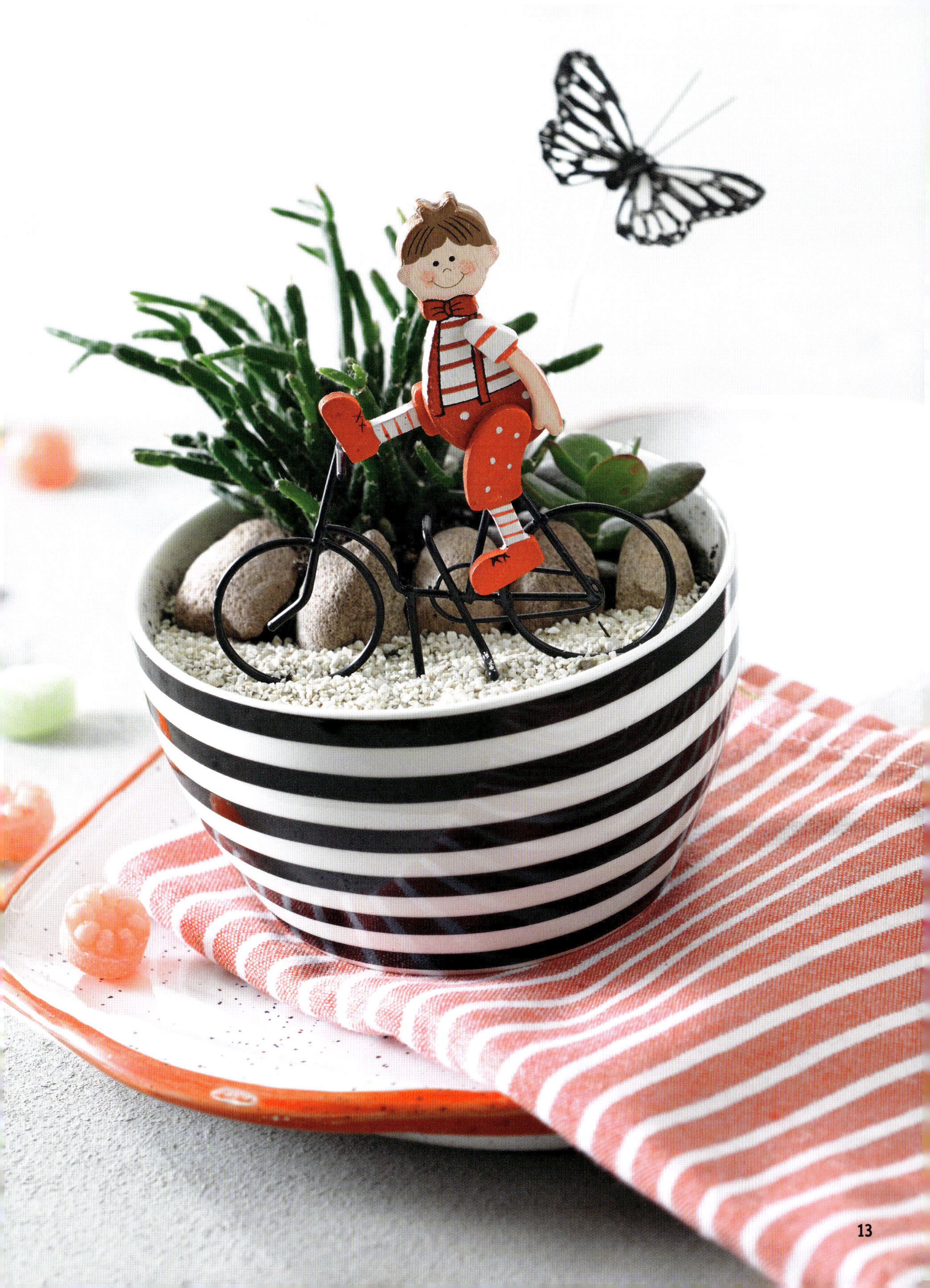

ENDLICH FEIERABEND!

Schale mit Baum und Strohhut

MATERIAL

Kaffee- oder Müslischale, ø 13 cm

Hornveilchen

Traubenhyazinthen- oder Steckzwiebeln

Mini-Hauswurze

Blumenerde

Ast mit Zweigansatz, ca. 23 cm hoch

Strohhut, ø 8 cm

Harke, 16 cm lang

Deko-Kies

Nasssteckziegel

Pinholder

Plattenmoos

Heißkleber

Messer

MOTIVHÖHE

ca. 26 cm

1 Einen Pinholder mit Heißkleber auf dem Schalenboden befestigen. Den Steckziegel so zurechtschneiden, dass für das Beet (vorne) etwa ein Drittel der Gestaltungsfläche frei bleibt. Auf dem Steckziegel wird später der Ast befestigt.

2 Den Ziegel fixieren und den verbliebenen Freiraum mit Blumenerde füllen.

3 Den Ast feststecken, sodass er 18 cm aus der Schale herausragt. Den Steckziegel mit Moos bedecken.

4 Das Beet mit den Pflanzen und den Zwiebeln bestücken. Deko-Kies am Schalenrand ergänzen. Den Strohhut an den Ast hängen und die Harke anlehnen.

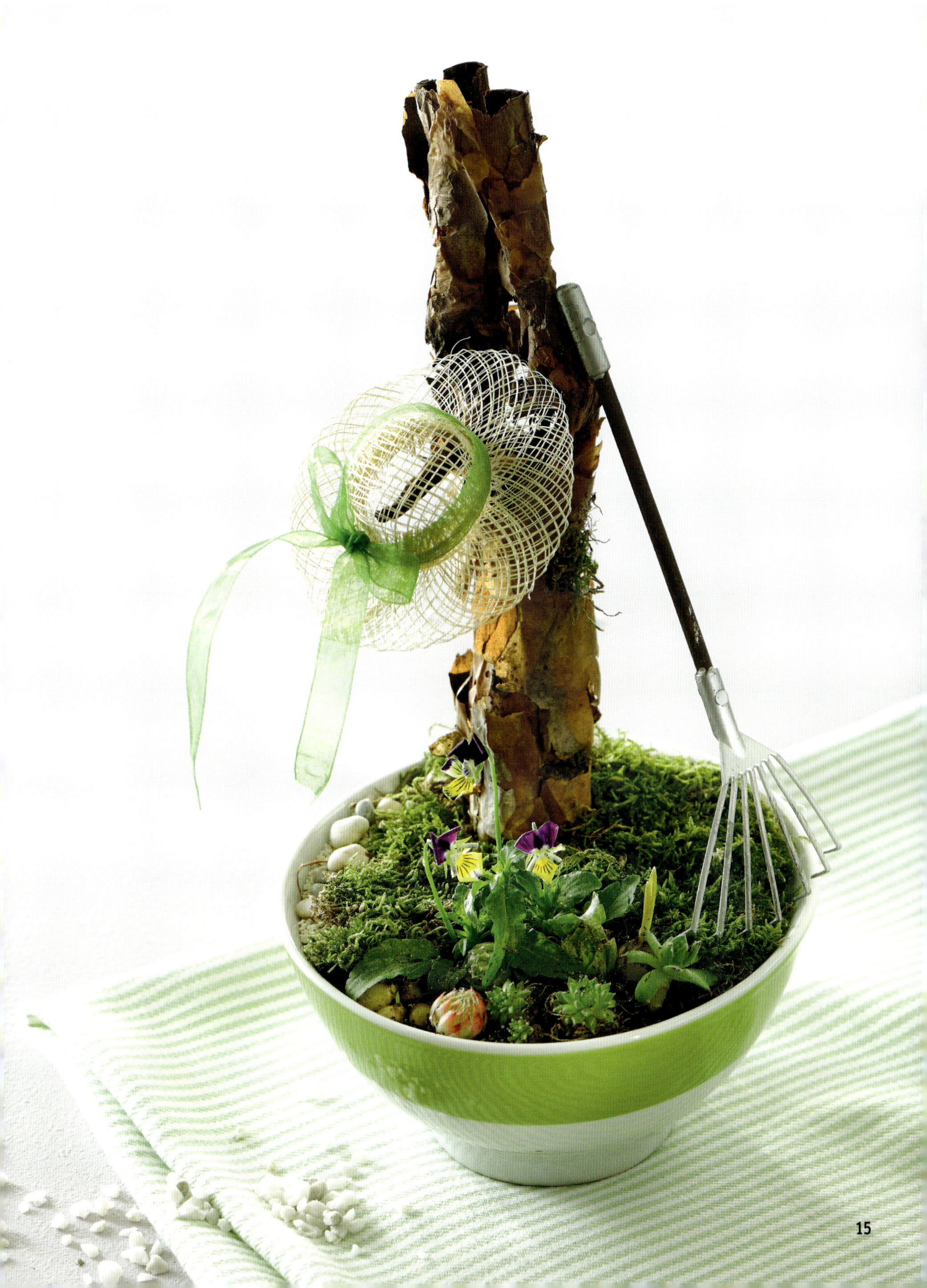

PiEPMATZ' ZUHAUSE

Tasse mit Vogelhäuschen

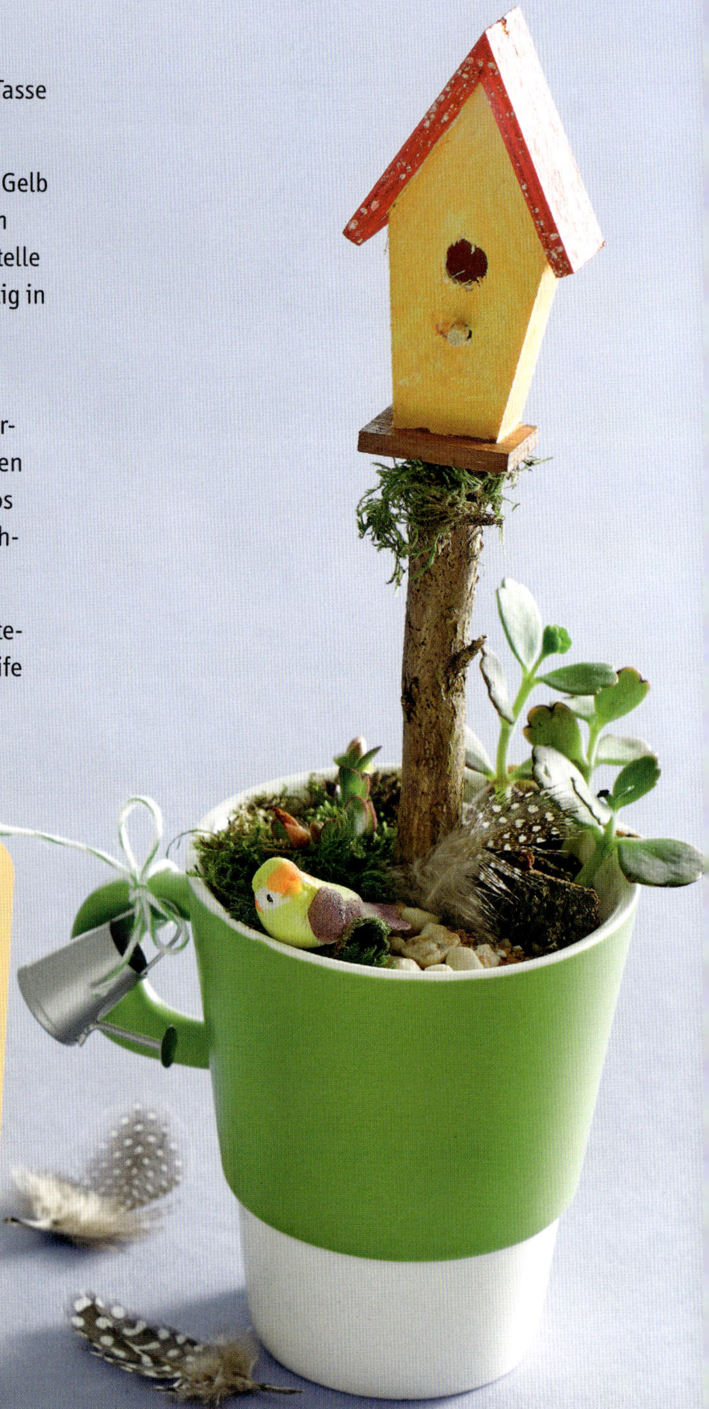

1 Den Steckziegel zuschneiden und in die Tasse stecken.

2 Das Vogelhaus mit Acrylfarbe in Rot und Gelb bemalen und nach dem Trocknen auf dem Haselnussstecken festkleben. Die Klebestelle mit Moos kaschieren. Das Vogelhaus mittig in die Tasse stecken, sodass der Pfahl 12 cm herausragt.

3 Aus dem Steckziegel eine Aussparung herausschneiden, mit Sukkulenten-Erde füllen und bepflanzen. Den Steckziegel mit Moos und Deko-Kies bedecken und mit den Hahnenfedern schmücken.

4 Den Vogel platzieren und die Feder feststecken. Die Gießkanne mithilfe einer Schleife aus der Kordelschnur am Tassenhenkel festbinden.

MATERIAL

- Tasse, ø 8,5 cm
- Sukkulente: Fetthenne
- Sukkulenten-Substrat
- Vogelhäuschen aus Naturholz, 4,5 cm x 2,5 cm x 7,5 cm
- Baumpilzvogel, 2,5 cm groß
- Gießkanne, 2,5 cm hoch
- Acrylfarbe in Gelb und Rot
- Hahnenfedern
- Kordel in Grün-Weiß gestreift, 15 cm lang
- Trockensteckziegel
- Deko-Kies
- Haselnussstecken, ø 1,5 cm, 16 cm lang
- Plattenmoos
- Messer
- Pinsel
- Heißkleber

MOTIVHÖHE

ca. 28 cm

FÜR FRISCHVERMÄHLTE

Tasse mit Brautpaar

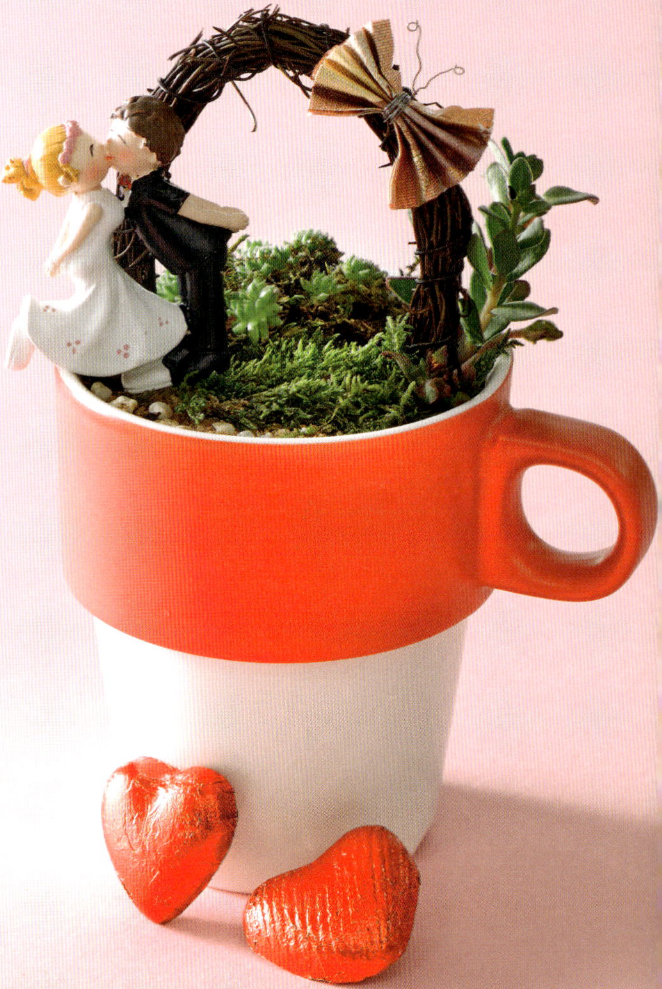

1 Vom Aluminiumdraht 30 cm abschneiden. Das Reisig rund um den Draht legen und mit Bindedraht umwickeln, sodass ein 22 cm langer und ca. 1 cm starker Strang entsteht.

2 Das Reisig an beiden Enden mit einigen Umdrehungen fixieren, überstehenden Bindedraht abschneiden. Den Strang zu einem Bogen mit einer mittleren Höhe von etwa 9 cm formen.

3 Die vordere Hälfte der Gestaltungsfläche mit Steckmasse füllen. Den ausgesparten Innenraum mit Sukkulenten-Erde füllen. Die Sukkulenten einpflanzen.

4 Den Bogen wie abgebildet feststecken. Den Steckziegel mit Moos und Deko-Kies bedecken. Das Brautpaar am Bogen festkleben.

5 Den Geldschein quer in der Mitte und dann fächerförmig falten. Den gefalteten Geldschein in der Mitte zusammendrücken und mit dem Draht umwickeln. Aus den Drahtenden Fühler formen. Den Geld-Schmetterling an den Bogen drahten.

MATERIAL

Tasse, ø 8,5 cm

Brautpaar, 5 cm hoch

Sukkulenten: Mini-Hauswurz und Blattsukkulente

Sukkulenten-Substrat

Nasssteckziegel

Reisig, ca. 25 cm lang

Blumendraht, ø 0,6 mm, 25 cm lang

Bindedraht in Braun, ø 0,3 mm

Deko-Kies

Plattenmoos

Geldschein nach Wahl

Seitenschneider

Heißkleber

MOTIVHÖHE

ca. 17 cm

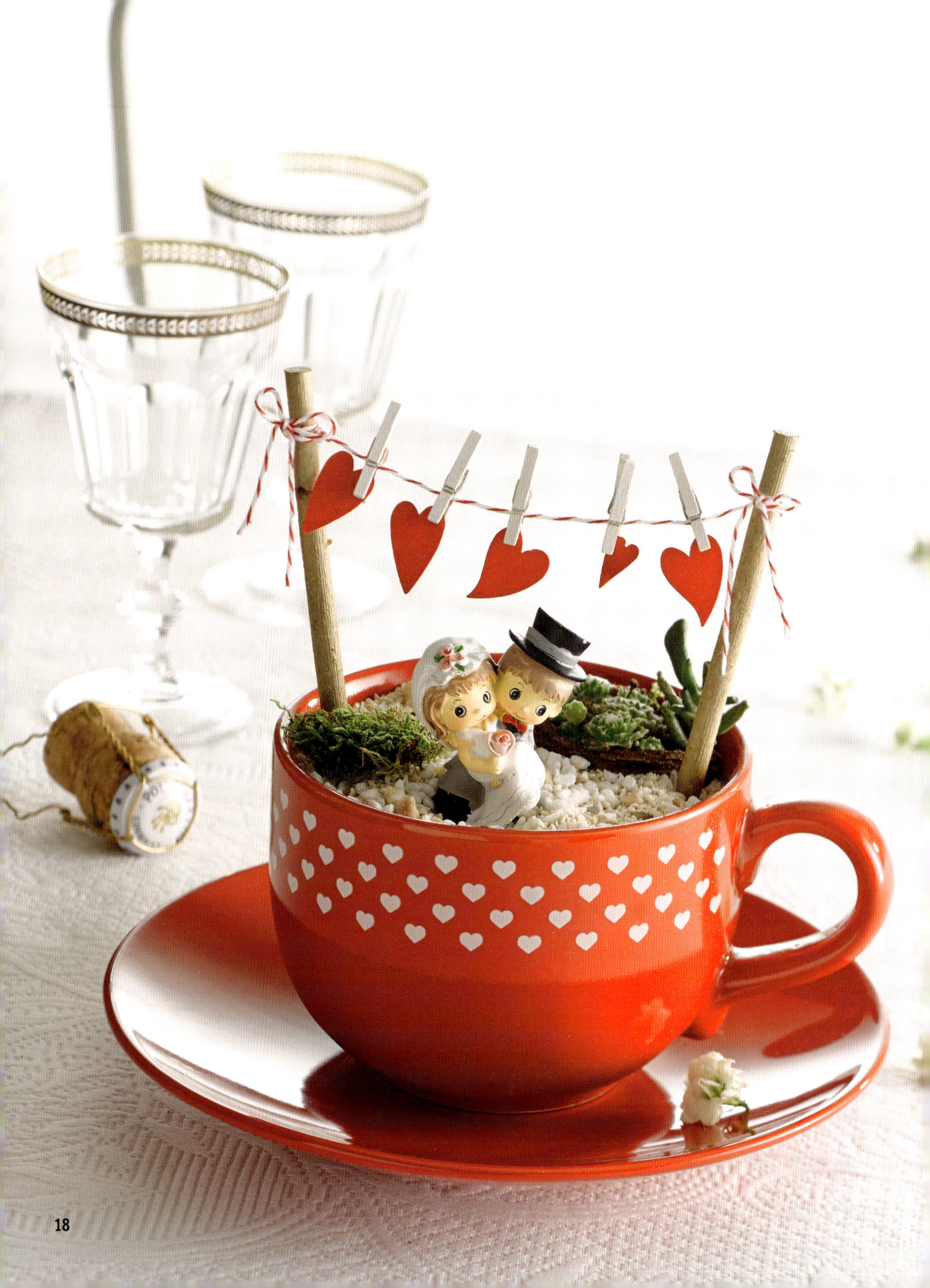

JUST MARRiED!

Jumbo-Hochzeitstasse

1 Aus dem Haselnussstecken zwei 18 cm lange Stücke schneiden. Die Tasse mit Steckmasse füllen.

2 Im rechten hinteren Bereich mit dem Messer für das Gartenbeet etwas Steckmasse herausschneiden und mit Sukkulenten-Substrat füllen.

3 Das Beet mit Rinde einfassen. Rechts und links die Stangen feststecken, sodass sie jeweils 14 cm herausragen. Den Steckziegel mit Granulat bedecken. Wie abgebildet vor der linken Stange eine Fläche mit Moos belegen.

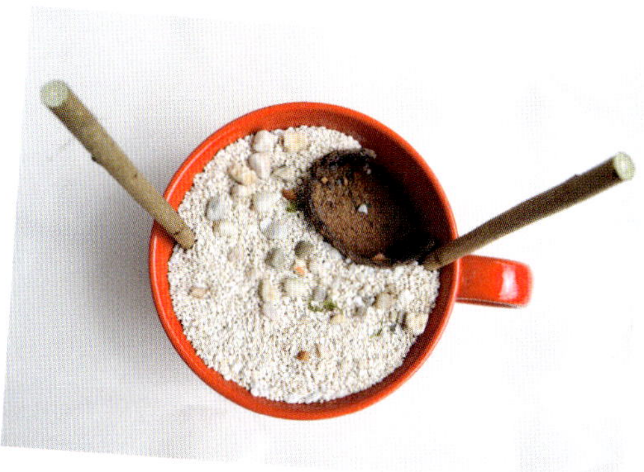

4 Das Baumwollgarn ca. 20 cm lang zuschneiden und als Wäscheleine zwischen den Stangen spannen. Aus extra Garnstücken kleine Schleifen binden und diese an die Wäscheleine-Enden kleben.

5 Die Herzen nach der Vorlage aus dem roten Tonkarton ausschneiden und mit den Wäscheklammern an die Leine hängen. Das Brautpaar platzieren.

MATERIAL

Jumbotasse, ø 12 cm, mit passendem Untersetzer

Brautpaar, 5,5 cm hoch

Tonkartonrest in Rot

Baumwollgarn (Baker's Twine) in Rot-Weiß, ø 1 mm, 50 cm lang

ca. 5 Miniwäscheklammern, je 2 cm lang

Sukkulenten: Mini-Hauswurze

Sukkulenten-Substrat

Plattenmoos

Nasssteckziegel

Granulat

Haselnussstecken, ø 1–1,2 cm, ca. 36 cm lang

Buchen- oder Birkenrinde

Gartenschere

Schere

Messer

MOTIVHÖHE

ca. 20 cm

VORLAGE SEITE 62

ROMANTIK HINTERM GARTENTOR

Tasse mit Rosenstock

MATERIAL

- Pflanztasse, ø 10 cm, mit passendem Untersetzer
- Mini-Rose
- Blumenerde
- Baumpilzvogel, 2,5 cm groß
- Deko-Splitt
- Gartenvlies
- Haselnussstecken, ø 6 mm, ca. 35 cm lang
- Rindenstücke
- Gartenschere
- Heißkleber

MOTIVHÖHE

ca. 16,5 cm

1 Die Tasse zu einem Viertel mit Splitt füllen. Mit Gartenvlies bis 1 cm unter den Tassenrand bedecken und mit Blumenerde füllen. In der hinteren Tassenhälfte die Mini-Rose pflanzen.

2 Das Gartentor wie folgt anfertigen: Aus dem Haselnussstecken für die Latten vier 4,5 cm lange Stücke sowie ein 6,5 cm langes Stück und für die Querstreben zwei 6 cm lange Stücke schneiden. Die Teile wie unten abgebildet zusammenkleben.

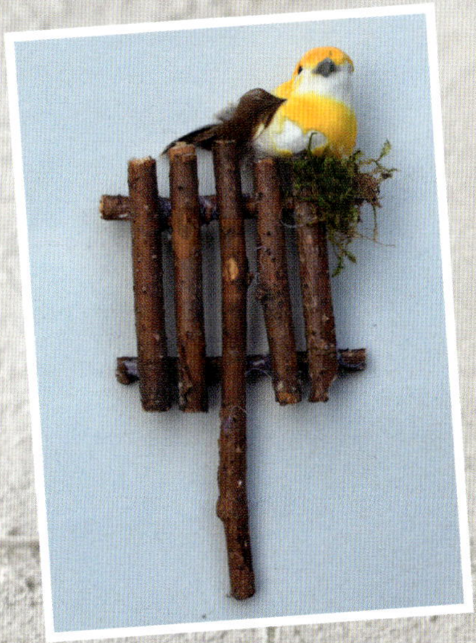

3 Das Gartentor vor dem Rosenstock feststecken und den Vogel mit Klebstoff darauf fixieren. Rechts und links vom Tor schmale Rindenstücke befestigen. Die Erde vor dem Zaun mit Deko-Splitt bedecken.

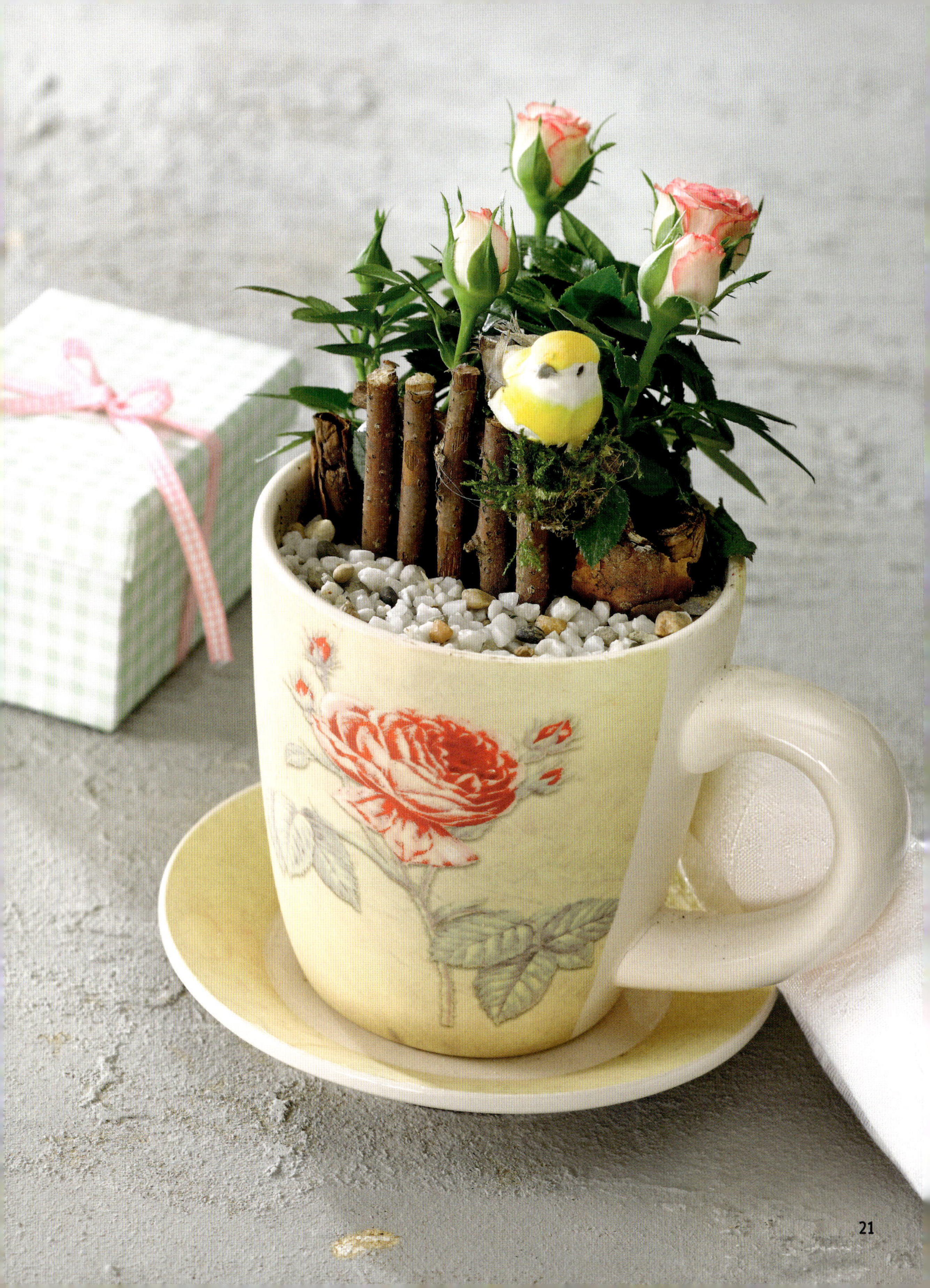

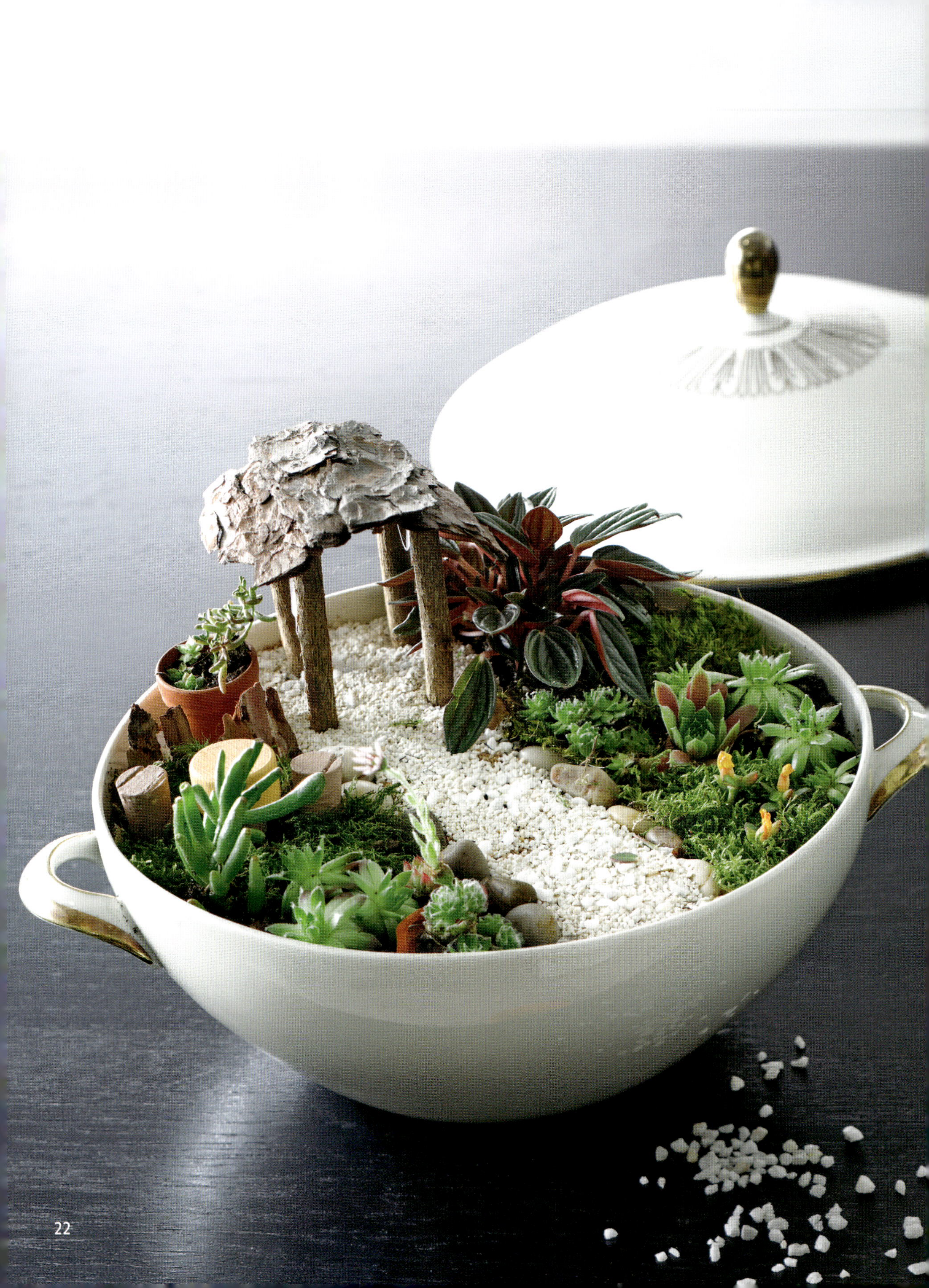

EXOTISCHE IDYLLE

Terrine mit Pfefferstrauch

1 Die Suppenterrine ca. 4 cm hoch mit Splitt füllen. Den Gefäß-Innenraum mit Gartenvlies bis 1 cm unterhalb des Gefäßrandes auskleiden.

2 Als Unterlage für den Weg und die Laube ein etwa 10 cm breites Steckmassestück, das bis 1 cm unter den Gefäßrand reichen sollte, zuschneiden. Gemäß dem geplanten Wegverlauf mittig im Gefäß befestigen (vgl. auch Seite 54).

3 Eine Pappschablone, 5 cm x 5 cm, anfertigen und dort auf den Steckziegel auflegen, wo später die Laube stehen soll. Die Umrisse mit einem spitzen Gegenstand auf der Steckmasse markieren.

4 Für die Pfosten vier Stecken, je 9 cm lang, zuschneiden. Für das Laubendach drei Rindenstücke, je 8,5 cm x 6,5 cm, zuschneiden. Die Pfosten an den vier Ecken innerhalb der Markierung in die Steckmasse stecken, sodass sie jeweils 6 cm herausragen.

5 Den Weg etwa 5 cm breit mit Ziersteinen eingrenzen. Zuerst mit Sand und dann mit Granulat den Weg und den Bereich um die Laube gestalten.

6 Die Rindenstücke zusammenkleben. Dazu das mittlere Teil etwa 1 cm überlappend über die äußeren Teile kleben. Heißklebemasse auf die Pfosten geben und das Dach darauf fixieren.

7 Den Pfefferstrauch neben die Laube pflanzen. Die übrigen Beete wie abgebildet bepflanzen und mit Moos bestücken. Den Tontopf sowie die Tonscherbe bepflanzen und platzieren. Rechts und links den noch freien Gefäß-Innenraum mit Sukkulenten-Substrat füllen.

8 Die drei Korken auf je einen Zahnstocher stecken. Den Holzgriff des großen Korkens gelb bemalen und trocknen lassen. Die Korken als Sitzgruppe mithilfe der Zahnstocher feststecken.

9 Abschließend kleine Rindenstücke für den Zaun schneiden und feststecken.

MATERIAL

- Suppenterrine, ø 12 cm
- Zwergpfeffer, Hauswurze, diverse Sukkulenten und Mini-Hauswurze
- Sukkulenten-Substrat
- 2 kleine Flaschenkorken, 2,5 cm hoch
- Holz-Griffkorken, 3,5 cm hoch
- 2 Mini-Tontöpfe, 2,5 cm hoch
- Acrylfarbe in Gelb
- Nasssteckziegel
- Gartenvlies
- Splitt
- Granulat
- Sand
- Deko-Kies
- Haselnussstecken, ø 1–1,2 cm, ca. 40 cm lang
- Kiefer-, Eichen- oder Lärchenrinde
- Platten- und Frauenhaarmoos
- Rest Pappe
- 3 Zahnstocher
- Schere
- Messer
- Pinsel
- Heißkleber

MOTIVHÖHE

ca. 15 cm

LÄMMCHENS ERSTER AUSFLUG

Jumbotasse mit Frühlingsbeet

MATERIAL

Jumbotasse, ø 12 cm, mit passendem Untersetzer

Miniwagen mit Lamm, 3,5 cm x 2,5 cm, 2,5 cm hoch

Hornveilchen

Traubenhyazinthen- oder Steckzwiebel

Blumenerde

Nasssteckziegel

Splitt

Deko-Kies

Birkenrinde

Plattenmoos

Messer

MOTIVHÖHE

ca. 15 cm

1 Die Tasse mit Steckmasse füllen. Eine Aussparung für das Beet herausschneiden und mit Blumenerde füllen.

2 Mit der Rinde ein etwa 3 cm hohes Hochbeet bauen. Dazu die Rinde, jeweils 3 cm herausragend, am vorderen Rand in die Steckmasse stecken und am hinteren Tassenrand entlang in die Erde drücken.

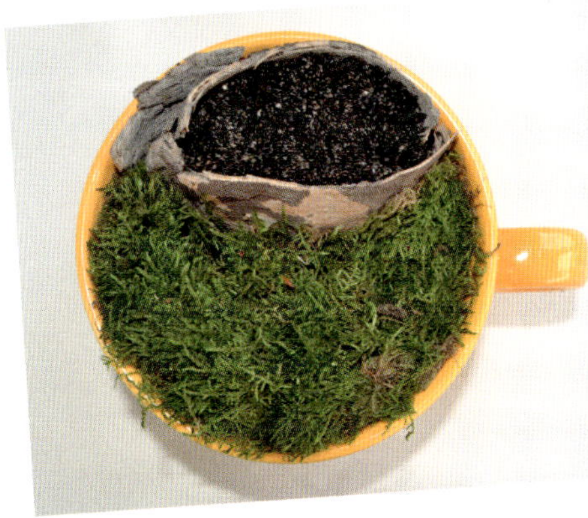

3 Den Steckziegel mit Moos und Deko-Kies bedecken. Die Erde im Hochbeet bis etwa 1 cm unter den Rand auffüllen und Zwiebeln sowie Pflanzen einsetzen. Den Wagen mit dem Lamm platzieren.

TIPP: Sie können das Beet auch neutral bepflanzen und die Figur beliebig austauschen.

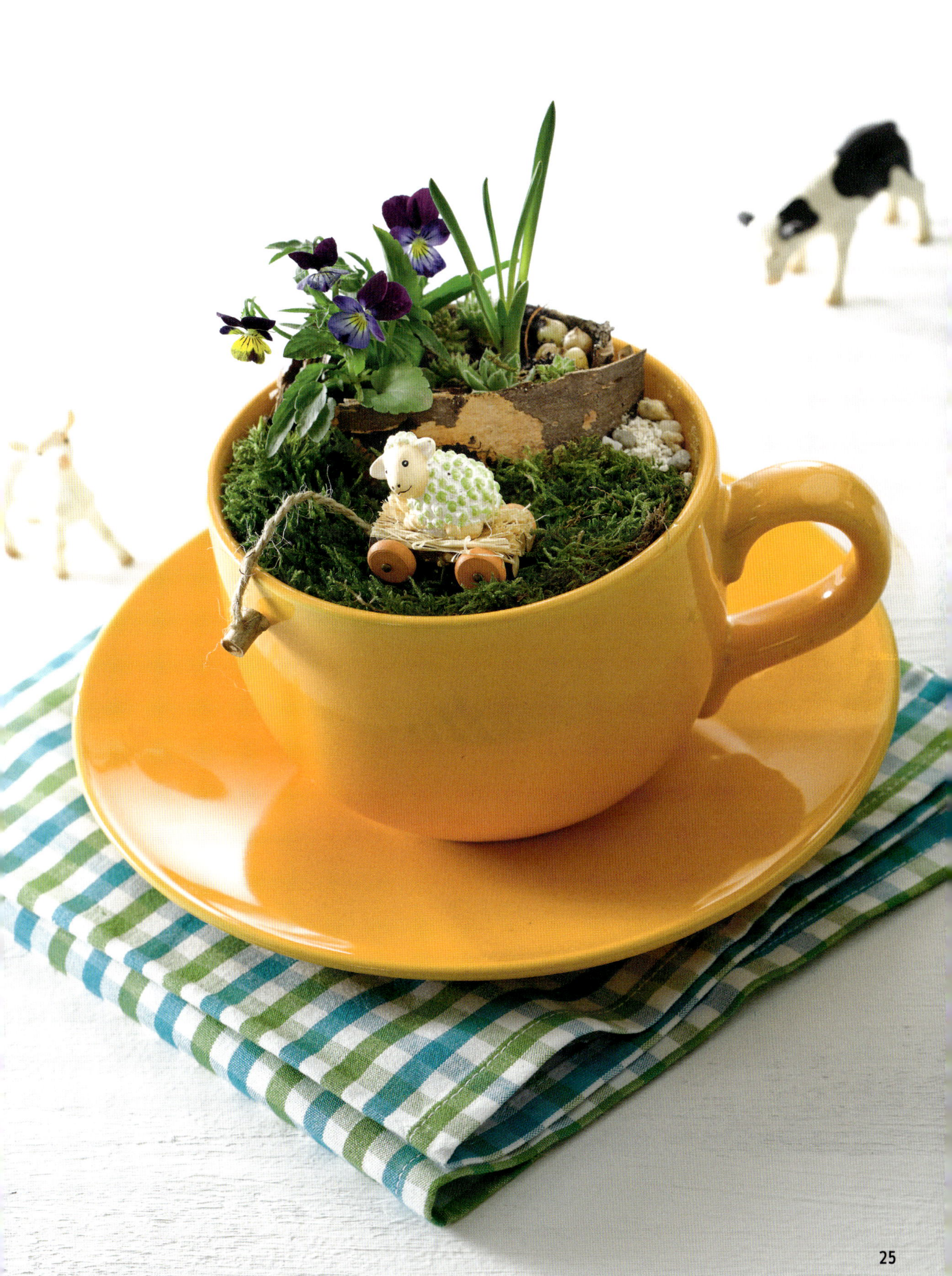

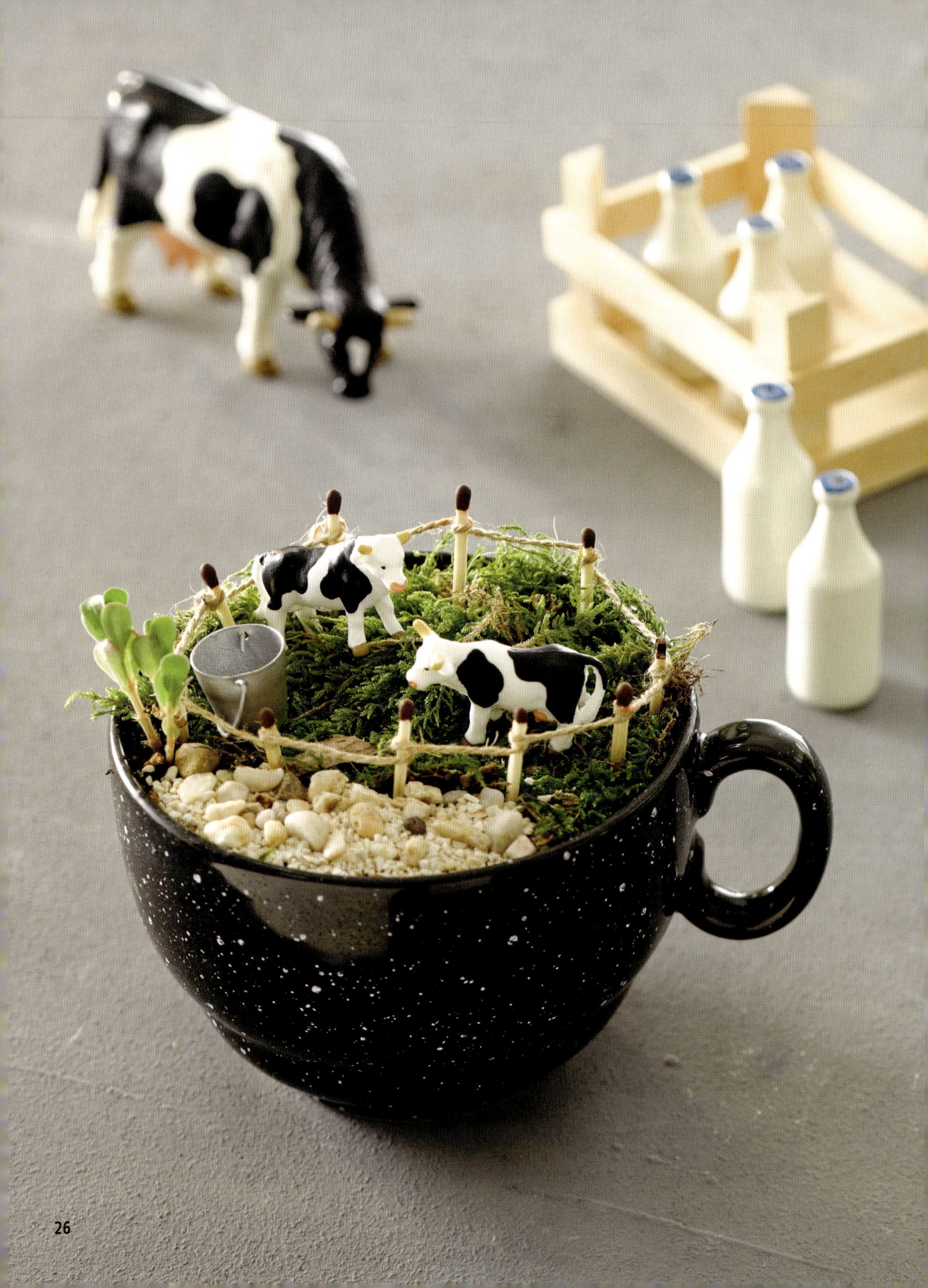

AUF DEM LAND

Tasse mit Kuhweide

1 Einen Pinholder innen am Tassenboden festkleben. Die Tasse mit dem zurechtgeschnittenen Steckziegel füllen.

2 Eine Aussparung für die Sukkulente herausschneiden, mit Sukkulenten-Erde füllen und die Pflanze einsetzen.

3 Die Oberfläche mit Plattenmoos und im vorderen Bereich mit Deko-Kies bedecken.

4 Aus den Streichhölzern einen Zaun stecken und die Sisalschnur darum spannen. Die Kühe und den Eimer platzieren.

MATERIAL

Tasse, ø 10 cm
2 Kühe, je 3,5 cm x 2,5 cm
Eimer, 2,5 cm hoch
Sukkulente
Sukkulenten-Substrat
Nasssteckziegel
ca. 10 Streichhölzer
Sisalschnur
Plattenmoos
Deko-Kies
Pinholder
Heißkleber
Messer

MOTIVHÖHE

ca. 12 cm

TIPP

Sicherheitshalber sollten Sie den Zündkopf der Streichhölzer vor dem Basteln abbrennen. Einfach kurz anzünden und die Flamme gleich wieder auspusten.

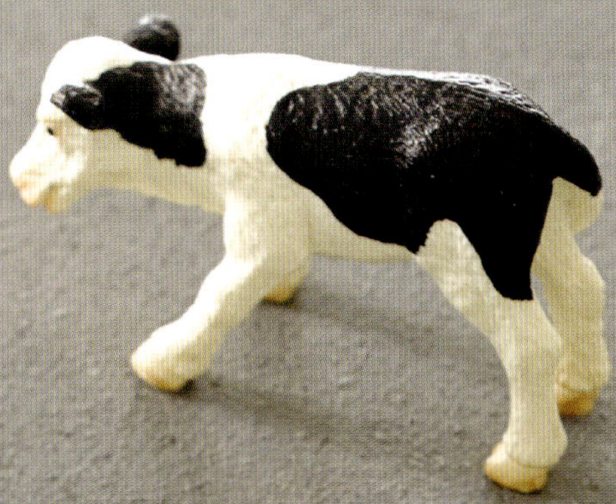

IDYLLISCHER RASTPLATZ

Pflanztasse mit Mini-Speckbaum

1 Für die Tischbeine aus dem Haselnussstecken vier 5 cm lange Stücke und für die Banklager vier 3 cm lange Stücke zuschneiden.

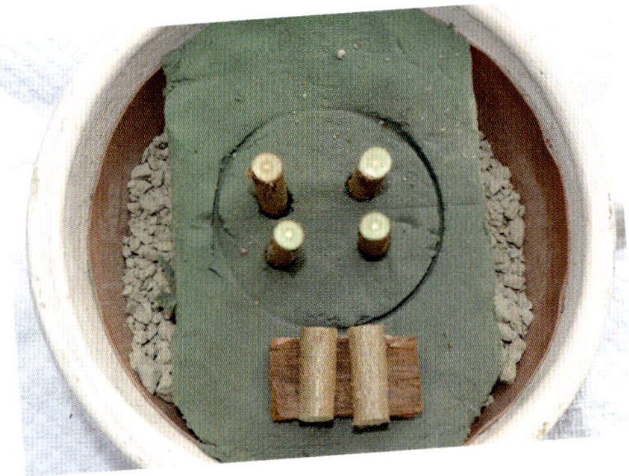

2 Aus der zuvor in Wasser eingeweichten Rinde mit einer Gartenschere für die Tischplatte ein 3 cm x 6 cm großes Stück und für die Sitzplatten zwei 2,5 cm x 6 cm große Stücke ausschneiden.

3 Die Tasse zu einem Viertel mit Splitt füllen, dann mit Gartenvlies bis zum Tassenrand bedecken. Wie unten abgebildet einen Steckziegel fixieren, der bis 1 cm unter den Tassenrand reicht. Mit einem Glasrandabdruck die Mitte der Gestaltungsfläche markieren.

4 Die vier Tischbeine in den Ziegel stecken, sodass jeweils 3 cm herausragen. Die Rundholzstücke wie abgebildet auf den beiden Bankunterseiten festkleben.

5 Die Tischplatte auf den mit Klebstoff versehenen Tischbeinen festkleben. Rechts und links den noch freien Gefäßinnenraum mit Sukkulenten-Erde füllen und bepflanzen.

6 Die Beete mit Rinde einfassen. Den Steckziegel im Sitzgruppenbereich mit Granulat und Zier-Kies, die restliche Fläche mit Moos abdecken. Die Laterne und die Marienkäfer positionieren.

MATERIAL

- Pflanztasse, ø 18 cm, mit passendem Untersetzer
- Laterne, 2 cm x 2 cm, 3 cm hoch
- 2 Holzmarienkäfer, je 1 cm groß
- Mini-Speckbaum, Mini-Hauswurze und Blattsukkulente
- Sukkulenten-Substrat
- Granulat in Weiß
- Splitt
- Gartenvlies
- Haselnussstecken, ø 6 mm, ca. 50 cm lang
- Kieferrinde
- Plattenmoos
- Zier-Kies
- Gartenschere
- Heißkleber

MOTIVHÖHE

ca. 18 cm

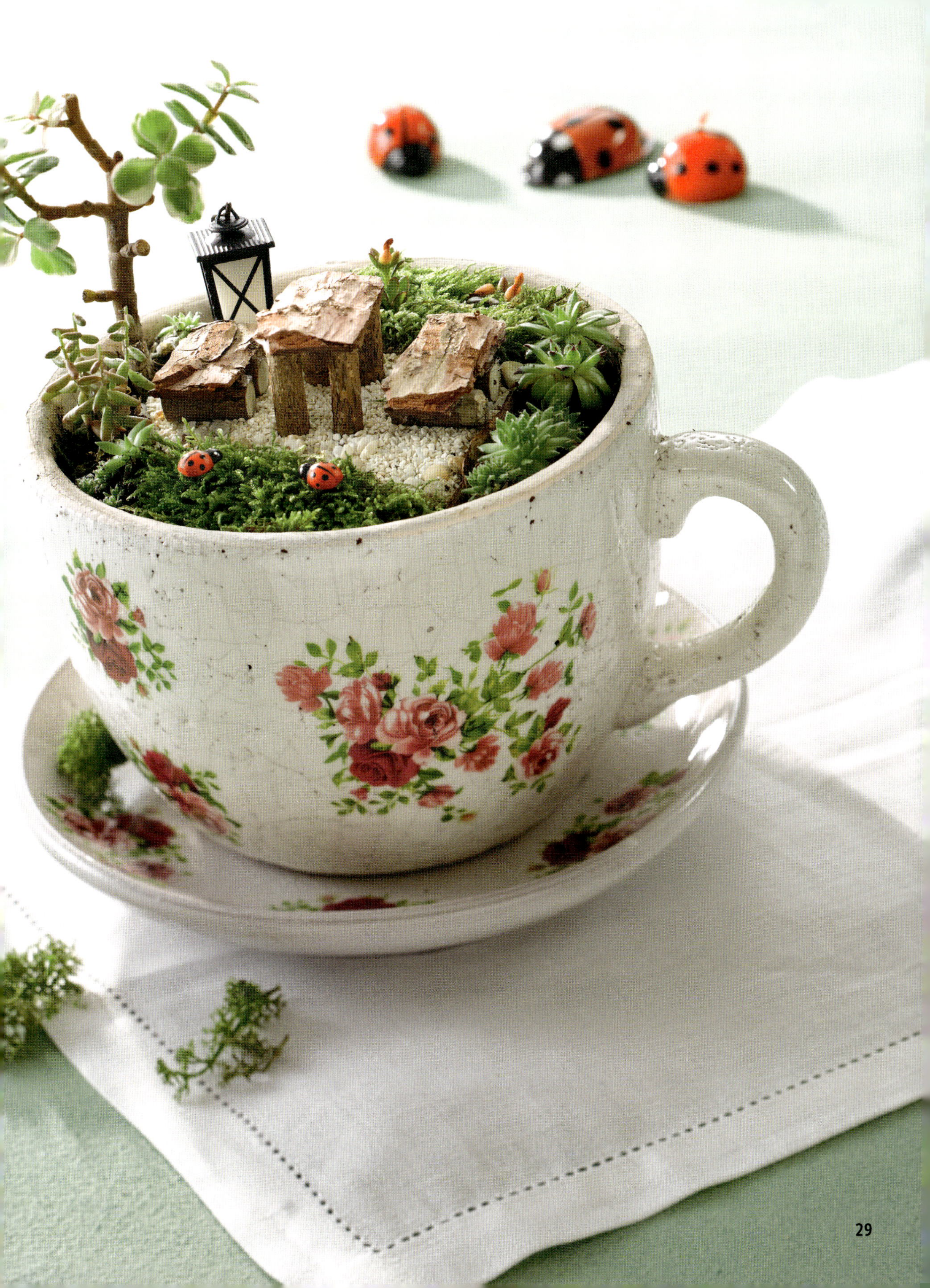

SPASS AM WASSER

Tassen mit Froschteich

1 Die Muscheln mit Acrylfarbe in Blau bzw. Grün anmalen.

2 Die Tassen jeweils zu einem Drittel mit Splitt füllen und mit Gartenvlies bis 2 cm unter den Tassenrand bedecken. Mit Sukkulenten-Erde die Tassen jeweils bis 1 cm unter den Rand füllen.

3 In der weißen Tasse die große Sukkulente im hinteren Bereich pflanzen und gießen. Die Muschel jeweils positionieren und fest in die Erde drücken, damit eine Mulde entsteht. Die Muschel in der blauen Tasse zusätzlich mit Klebstoff am Rand fixieren. Wie abgebildet jeweils um den Teich herum die Hauswurze pflanzen, bei der großen Tasse noch zusätzlich das Frauenhaarmoos auflegen.

4 Bei der kleineren Tasse den Zweigabschnitt quer über den Teich legen und am Tassenrand festkleben. Mittig auf dem Zweig den Frosch fixieren. Bei der großen Tasse den Frosch am Teichrand positionieren.

MATERIAL

Tasse, ø 8 cm

Jumbotasse, ø 12 cm, mit passendem Unterteller

Sukkulenten: Senecio Himalaya und Mini-Hauswurze

Sukkulenten-Substrat

2 Frösche, je 2,5 cm groß

2 flache Muscheln, je 3,5 cm x 4 cm

Acrylfarbe in Blau bzw. Grün

Kies

Gartenvlies

Splitt

Frauenhaarmoos

bemooster Zweigabschnitt, ø 8 mm

Pinsel

Heißkleber

MOTIVHÖHE

Blaue Tasse

ca. 10 cm

Weiße Tasse

ca. 15 cm

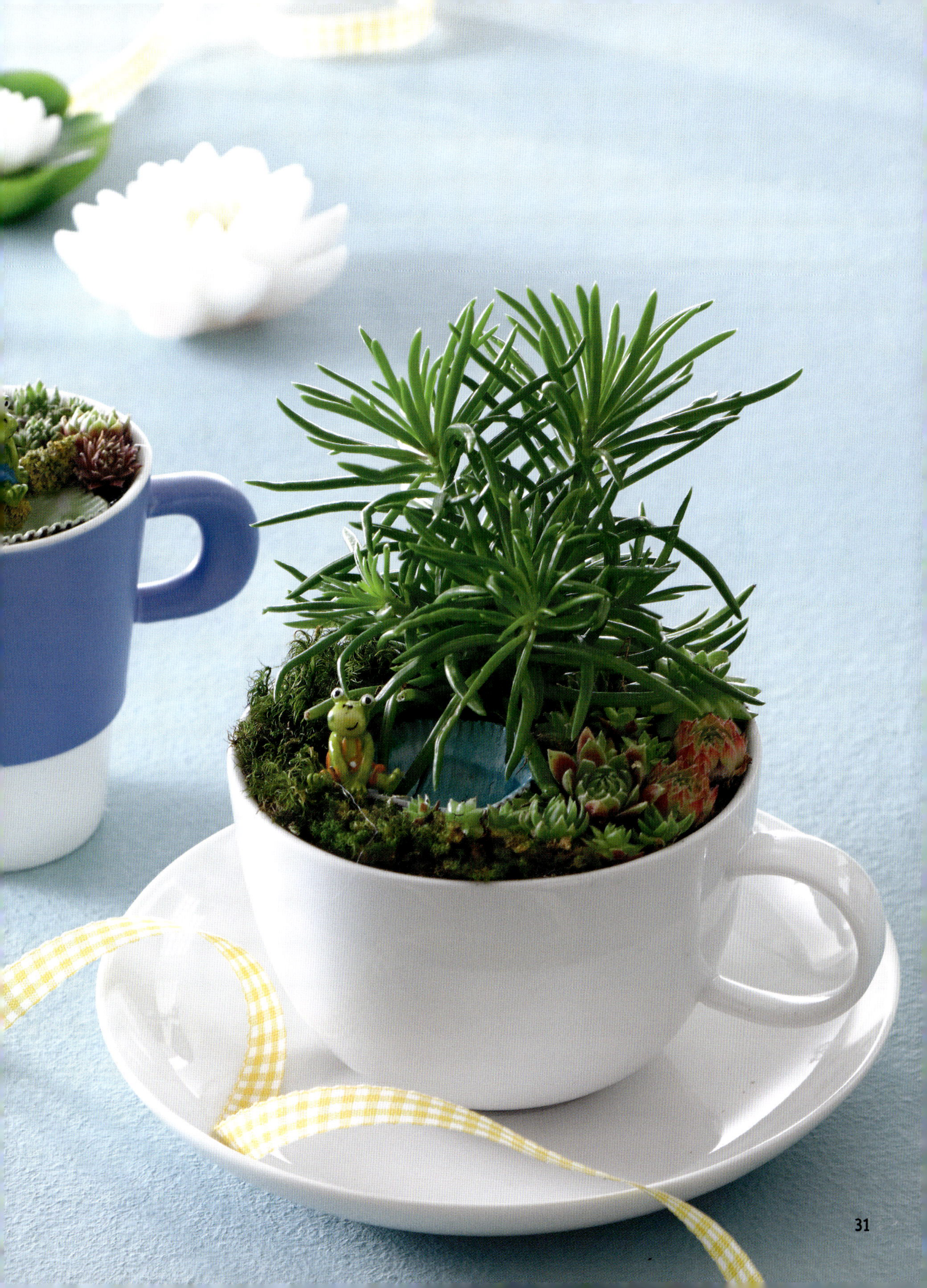

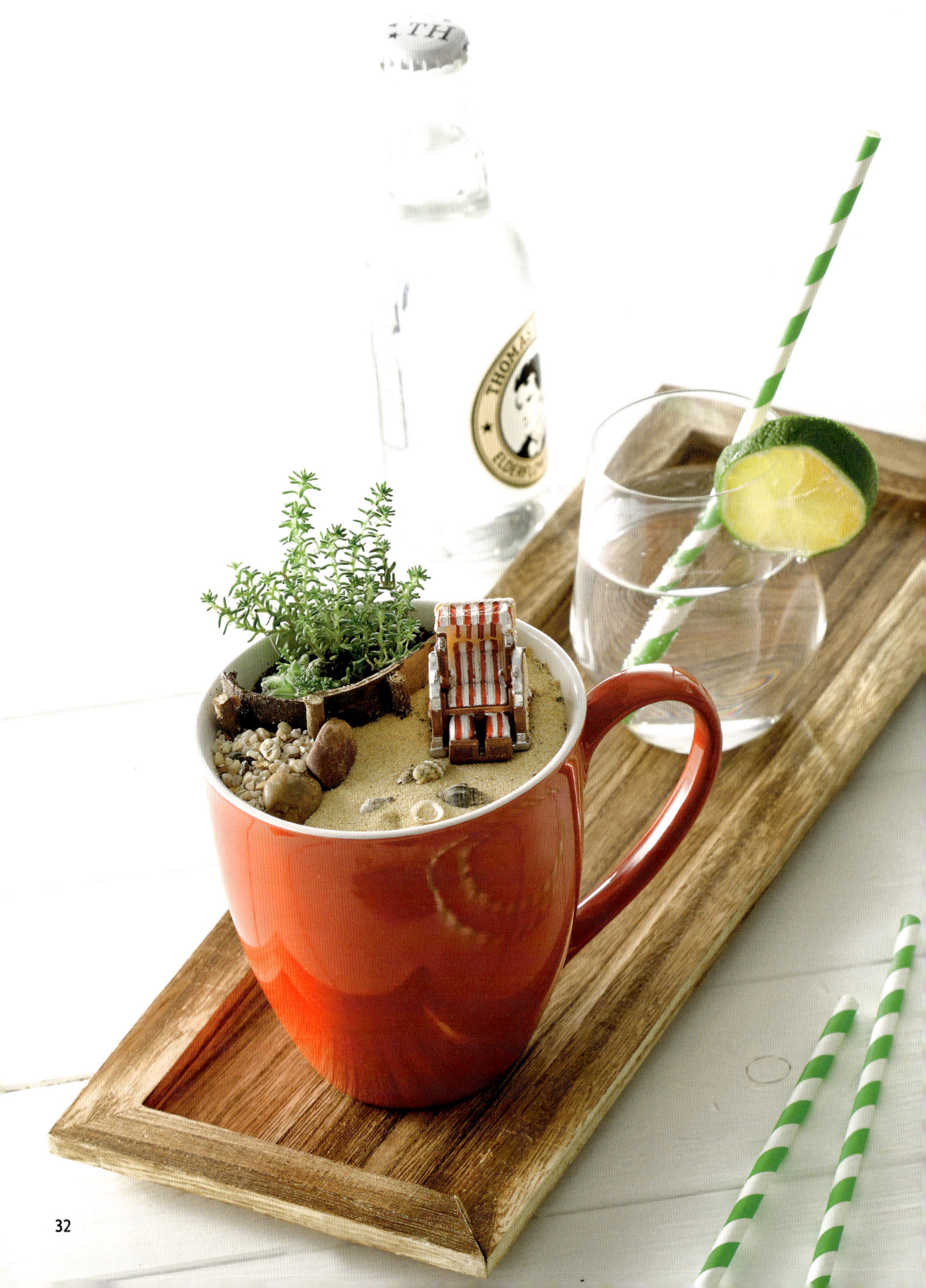

URLAUBSFEELING

Tasse mit Strandkorb

1 Die Tasse mit dem zurechtgeschnittenen Steckblock füllen. Für die Pflanzen ein Beet herausschneiden, mit Sukkulenten-Erde füllen und die Sukkulenten einsetzen.

2 Aus der Rinde einen 3 cm breiten Streifen schneiden und als Zaun in die Steckmasse stecken. Für die Pfähle vier 4 cm lange Rundhölzer aus dem Stecken zuschneiden und vor der Rinde feststecken.

3 Die Oberfläche mit Sand bedecken. Einen kleinen Bereich mit Deko-Kies gestalten und mit zwei größeren Steinen abgrenzen. Die Minimuscheln auf der Sandfläche verteilen und den Strandkorb platzieren.

MATERIAL

Milchkaffee-Tasse, ø 10 cm
diverse Sukkulenten
Sukkulenten-Substrat
Strandkorb, 3,5 cm x 3,5 cm
Minimuscheln
Nasssteckziegel
Quarzsand
Deko-Kies
2 Deko-Steine
Buchen- oder Birkenrinde
Holzstecken, ø 6 mm, 20 cm lang
Messer
Gartenschere

MOTIVHÖHE

ca. 15 cm

WELLNESSOASE

Sauciere mit Palmenstrand

MATERIAL

Sauciere, oval, 19 cm x 8 cm

Mini-Elefantenbaum oder Palme

Mini-Liegestuhl, 5 cm x 3,5 cm

Papiersonnenschirm, ø 7 cm

Sonne, ø 3,5 cm

3 Holzstreublümchen, ø je 6 mm

Minimuscheln

Nasssteckziegel

Buchenrinde

Liguster- oder Haselnussstecken, ø 4 mm, ca. 1 m lang

Deko-Kies

Quarzsand

Ziersplitt

Plattenmoos

Pinholder

Heißkleber

Messer

MOTIVHÖHE

ca. 28 cm

1 Einen Pinholder mit Heißklebemasse am Gefäßboden fixieren. Die zurechtgeschnittene Steckmasse in das Gefäß geben. Für den Blumentopf eine passende Aussparung herausschneiden. Den Topf mit der ausgewählten Pflanze hineinstellen.

2 Den Zaun fertigen. Dazu den Holzstecken in ca. 20 je 4 cm lange Stücke schneiden. Diese auf eine halbrunde Buchenrinde kleben (siehe Seite 49) und um den Blumentopf in der Steckmasse fixieren.

3 Den restlichen Gefäß-Innenraum bis Oberkante Steckziegel mit Sand auffüllen. Anschließend den Steckziegel mit Sand bedecken. Plattenmoos auflegen sowie Holzblümchen, Muscheln, Deko-Kies und Ziersplitt verteilen. Die Sonne, den Liegestuhl und den Sonnenschirm platzieren.

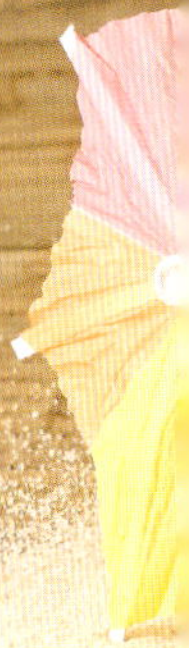

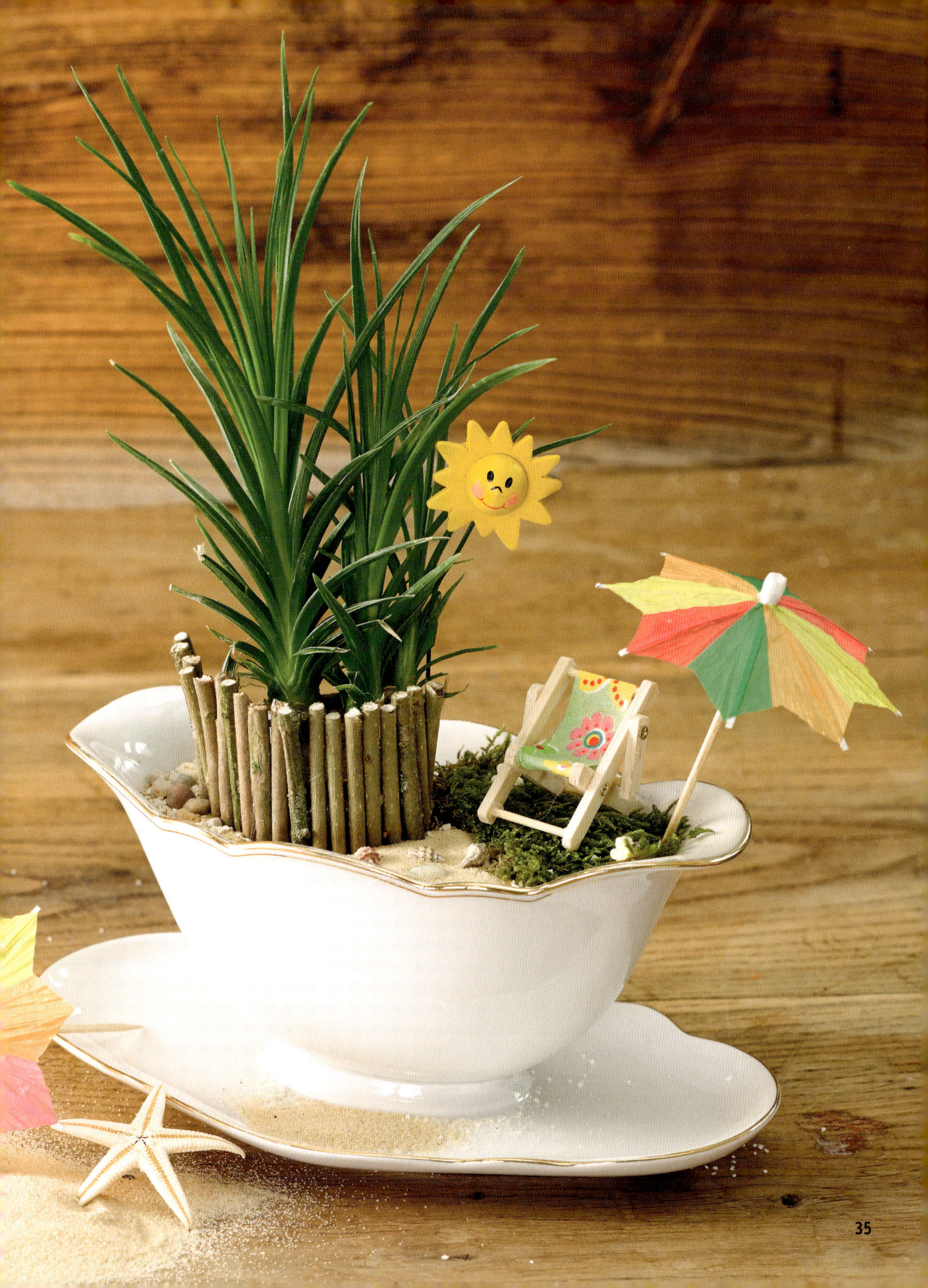

HEUTE IST WASCHTAG!

Tasse mit Wäscheleine

MATERIAL

Milchkaffee-Tasse, ø 11 cm

Hauswurze und filigrane Sukkulenten

Sukkulenten-Substrat

Ente, 2,5 cm x 2,5 cm

Waschbottich, ø 2,5 cm, 2 cm hoch

Stoffreste, gemustert

5–6 Miniwäscheklammern, je 2,5 cm lang

Sisalschnur, ca. 20 cm lang

Nasssteckziegel

Plattenmoos

Deko-Kies

Haselnussstecken, ø 1–1,2 cm, ca. 40 cm lang

Messer

Heißkleber

MOTIVHÖHE

ca. 24 cm

VORLAGEN SEITE 62

1 Den Steckziegel zurechtschneiden und mit Heißkleber in der Tasse befestigen. Für die Sukkulenten etwas Steckmasse herausschneiden und mit Sukkulenten-Substrat auffüllen.

2 Aus dem Haselnussstecken zwei 18 cm lange Stücke zuschneiden und rechts und links in die Steckmasse stecken, sodass die Stangen 12 cm herausragen. Die Sisalschnur dazwischen spannen und die Enden jeweils festknoten.

3 Die Sukkulenten wie abgebildet einpflanzen. Die Steckmasse mit Plattenmoos und Deko-Kies abdecken.

4 Aus den gemusterten Stoffresten ein 3 cm x 2 cm und ein 3,5 cm x 2 cm großes Rechteck sowie ein Hemd nach der Vorlage zuschneiden und wie abgebildet mit den Wäscheklammern an der Leine befestigen. Den Waschbottich platzieren.

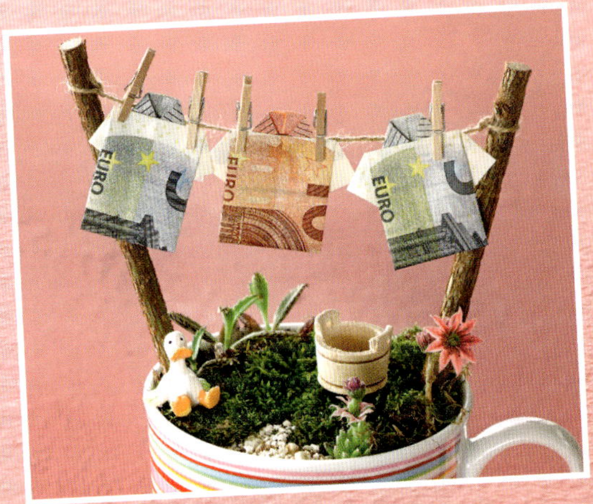

TIPP
An der Wäscheleine können auch Geldscheinhemden hängen. Die Faltung ist auf Seite 62 abgebildet.

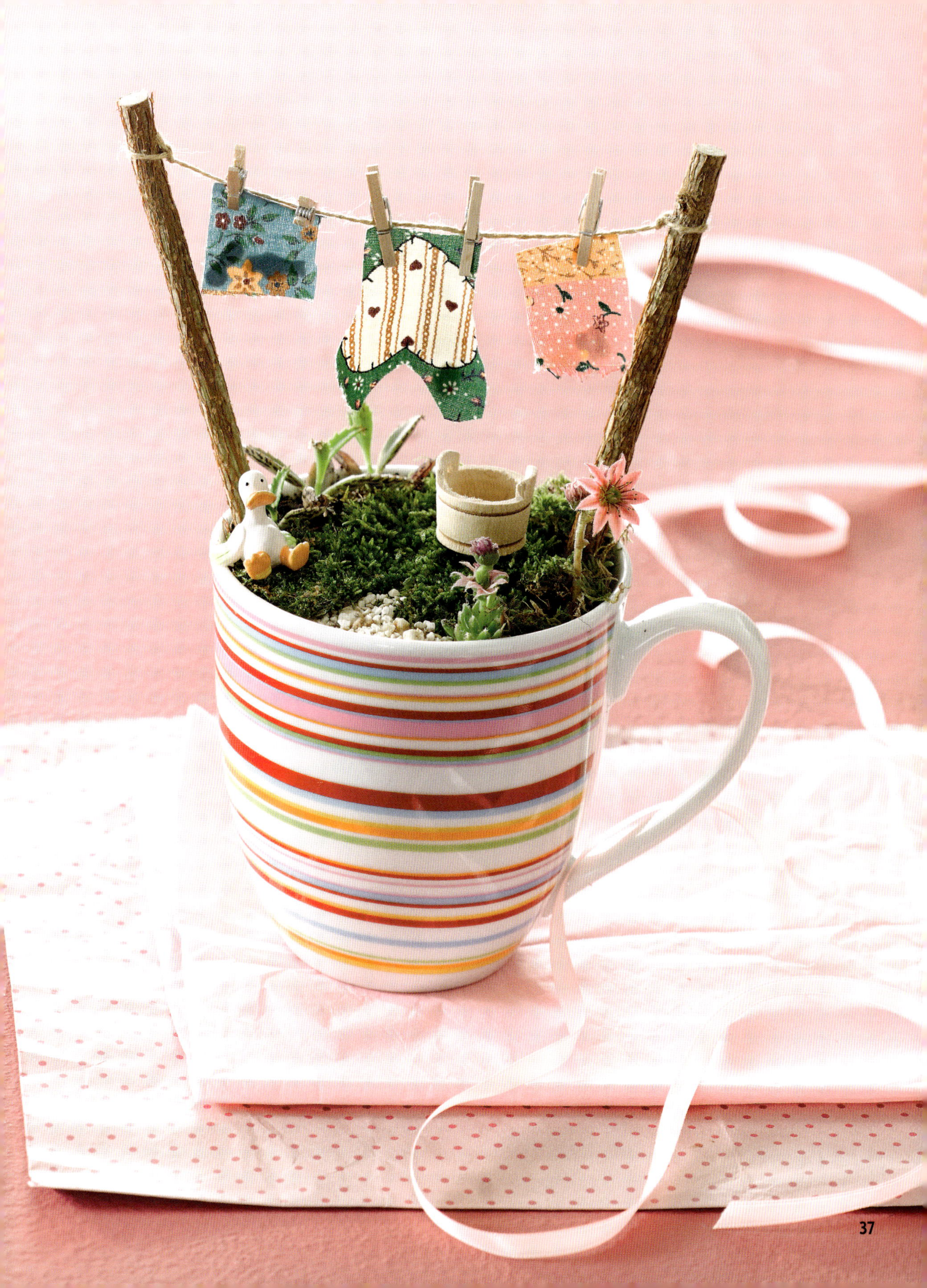

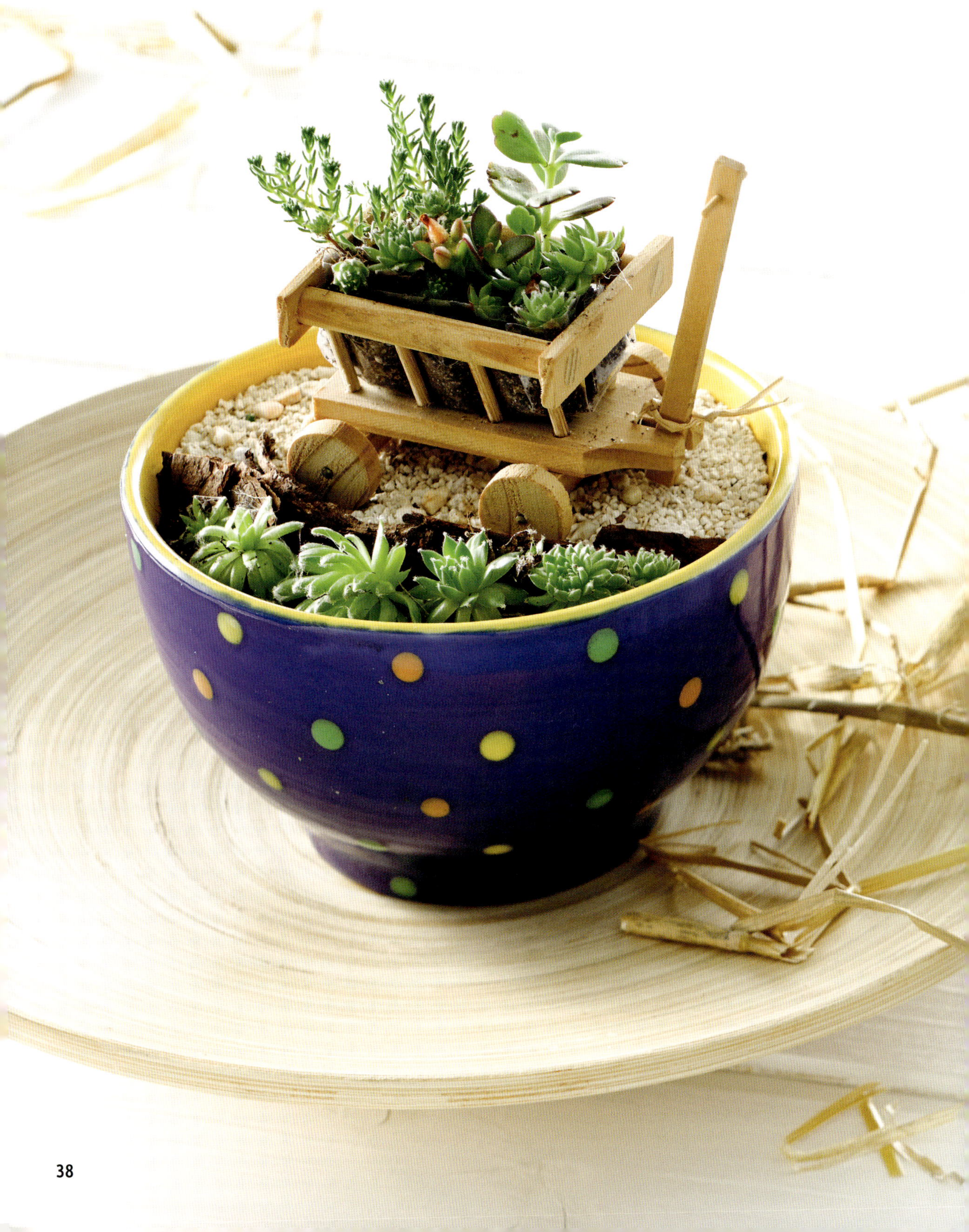

EILIGE PFLANZENLIEFERUNG

Schale mit Leiterwagen

1 Der Wagen ist als Deko-Objekt bepflanzt. Den Leiterwagen mit Folie auskleiden und mit den Sukkulenten bepflanzen.

2 Zwei Drittel der Schale mit Nasssteckmasse auskleiden. Dazu einen Pinholder auf dem Gefäßboden festkleben, den Nasssteckziegel zurechtschneiden und fest in das Gefäß drücken.

3 Den verbliebenen Gefäß-Innenraum zu einem Drittel mit Kies auffüllen und mit Gartenvlies auskleiden.

4 Für die Beet-Einfassung Rindenstreifen 1 cm tief in die Steckmasse drücken. Die Sukkulenten-Erde einfüllen, die Hauswurze pflanzen und gießen. Die Steckmasse mit Granulat und Deko-Kies abdecken. Den Wagen platzieren.

TIPP
Statt des Leiterwagens als Hauptgestaltungselement können Sie zum Beispiel auch eine kleine Laube bauen (siehe Seite 22).

MATERIAL

- Schale, ø 16 cm
- Holzleiterwagen, 8,5 cm x 4 cm, 5 cm hoch
- Sukkulenten-Substrat
- Hauswurze und diverse Mini-Sukkulenten
- Nasssteckziegel
- Pinholder
- Plastikfolie (z. B. Gefrierbeutel)
- Baumrinde
- Granulat in Weiß
- Deko-Kies
- Gartenvlies
- Heißkleber
- Messer

MOTIVHÖHE

ca. 14 cm

KAKTEENGARTEN

Tasse mit Kaktus und Leguan

1 Die Tasse zu einem Drittel mit Splitt füllen. Mit Gartenvlies bis 2 cm unter den Tassenrand abdecken. Sukkulenten-Erde einfüllen.

2 Den Kaktus pflanzen. Die Erde mit Granulat und Deko-Kies abdecken.

3 Den Astabschnitt wie abgebildet mit Heißkleber am Tassenrand fixieren. Den Leguan auf einem kleinen Rindenstück platzieren.

MATERIAL

Tasse, ø 11 cm
Mini-Kaktus, Hauswurz
Sukkulenten-Substrat
Leguan, 5,5 cm x 4 cm
Deko-Kies
Granulat in Weiß
Splitt
Gartenvlies
Rindenstück
Zweigabschnitt, ø 1 cm, 14 cm lang
Heißkleber

MOTIVHÖHE

ca. 15 cm

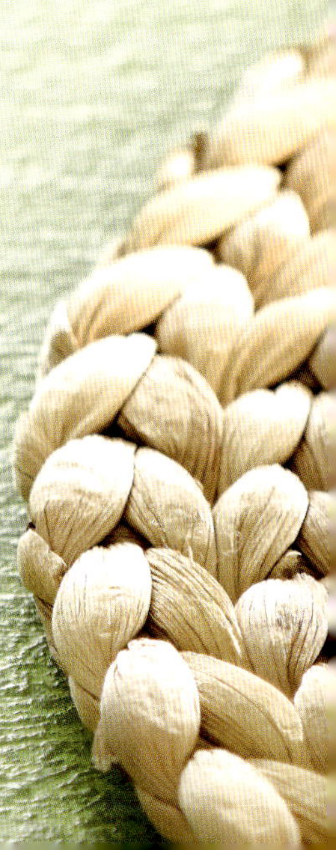

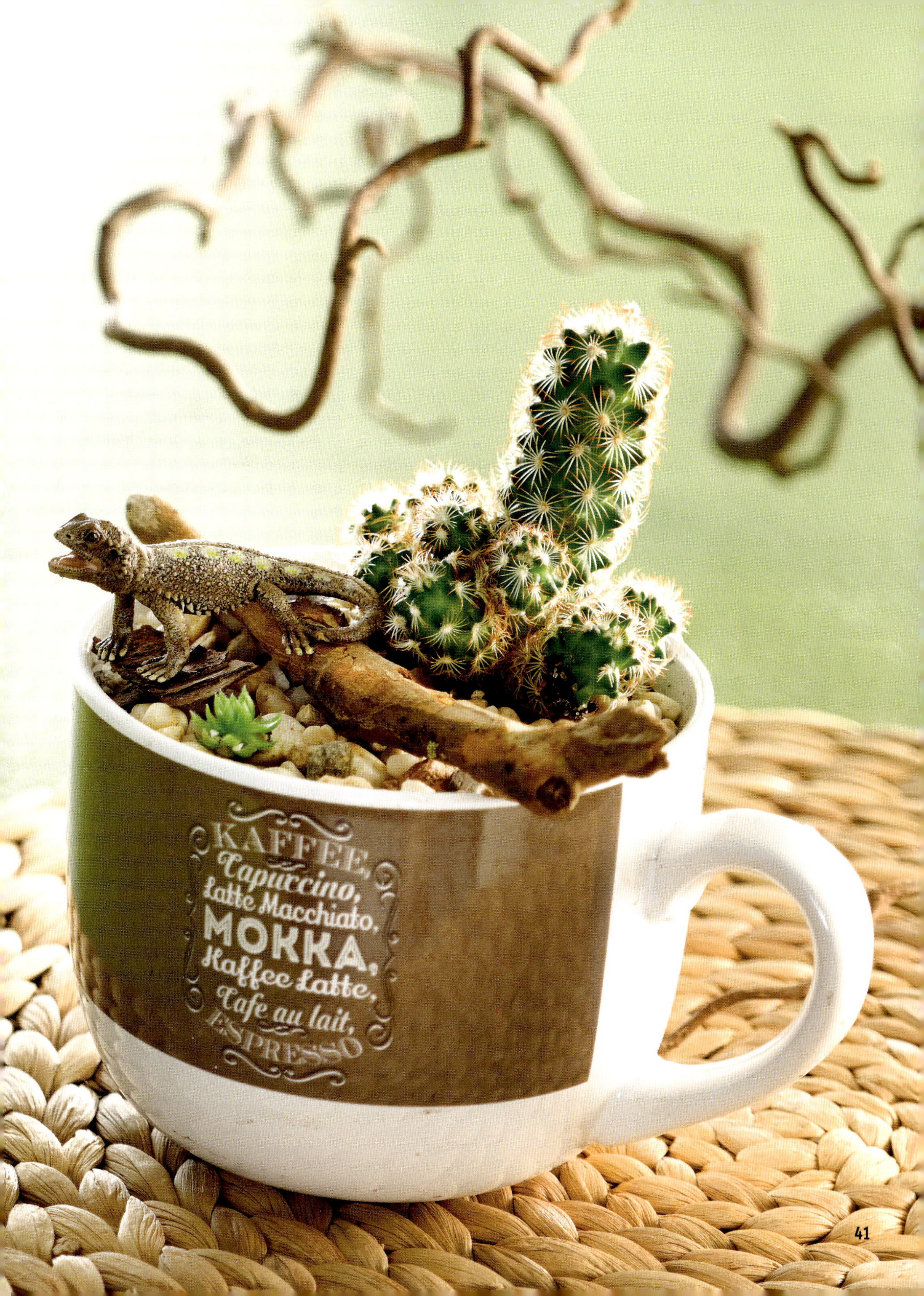
KAFFEE,
Capuccino,
Latte Macchiato,
MOKKA,
Kaffee Latte,
Cafe au lait,
ESPRESSO

GEMÜTLICHES RUHEPLÄTZCHEN

Tasse mit Kaktus und Aloe vera

1 Die Tasse zu einem Drittel mit grobem Kies füllen. Mit Gartenvlies bis kurz unten den Tassenrand abdecken.

2 Das Sukkulenten-Substrat bis 2 cm unter den Rand einfüllen. Den Kaktus und die Aloe vera laut Abbildung pflanzen und angießen. Die Erde mit Granulat abdecken, Deko-Kies darüber verteilen.

3 Den Zierstein positionieren und das Lamm darauf festkleben.

MATERIAL

Tasse, ø 9 cm
Mini-Kaktus und Mini-Aloe vera
Sukkulenten-Substrat
Schaf, 2,5 cm x 3 cm
Kies
Gartenvlies
Granulat in Weiß
Deko-Kies
Zierstein
Heißkleber

MOTIVHÖHE

ca. 30 cm

TIPP:
Nach Belieben kann noch eine Leiter angelehnt und ein zweites Schaf dazu gestellt werden.

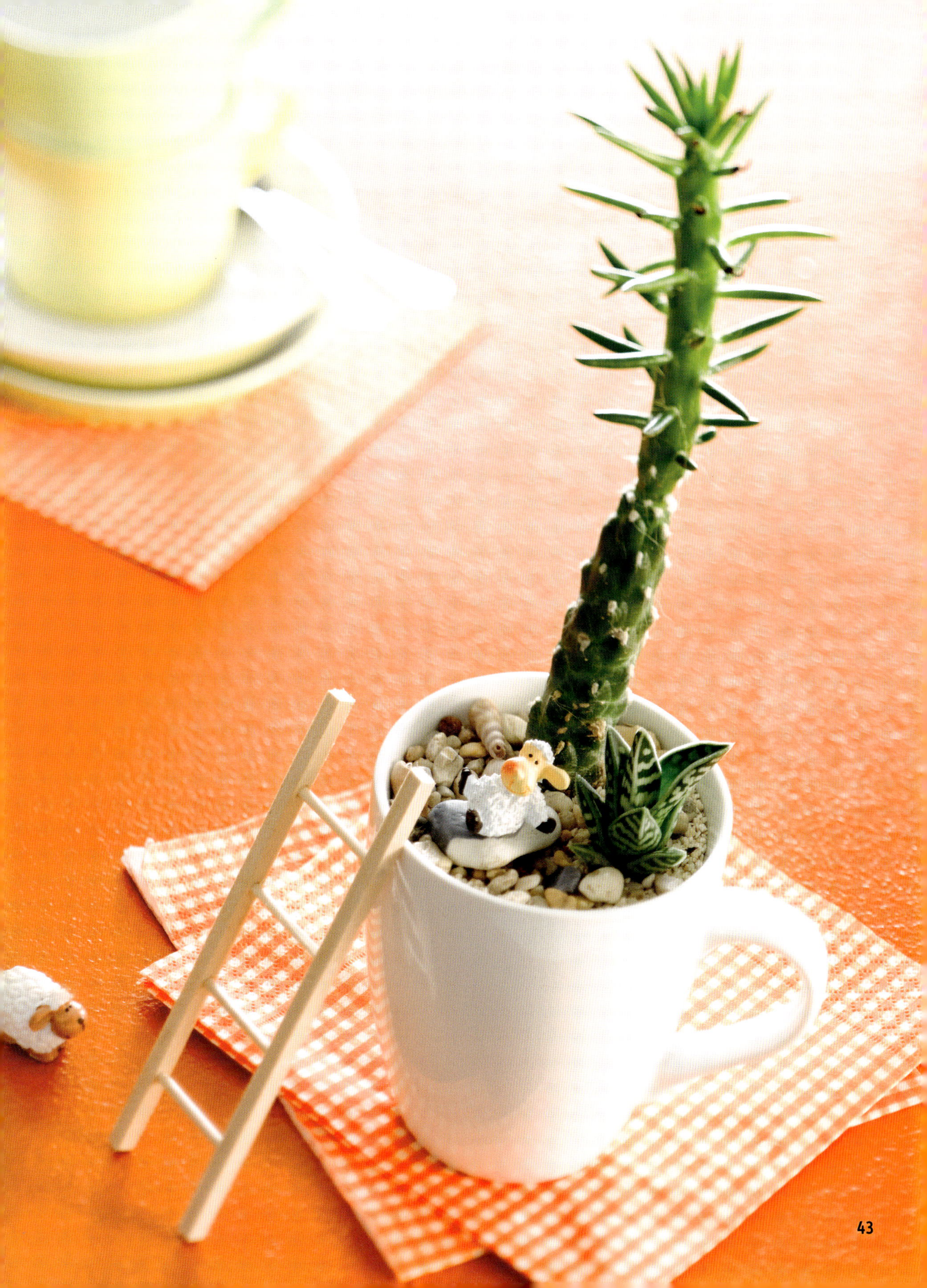

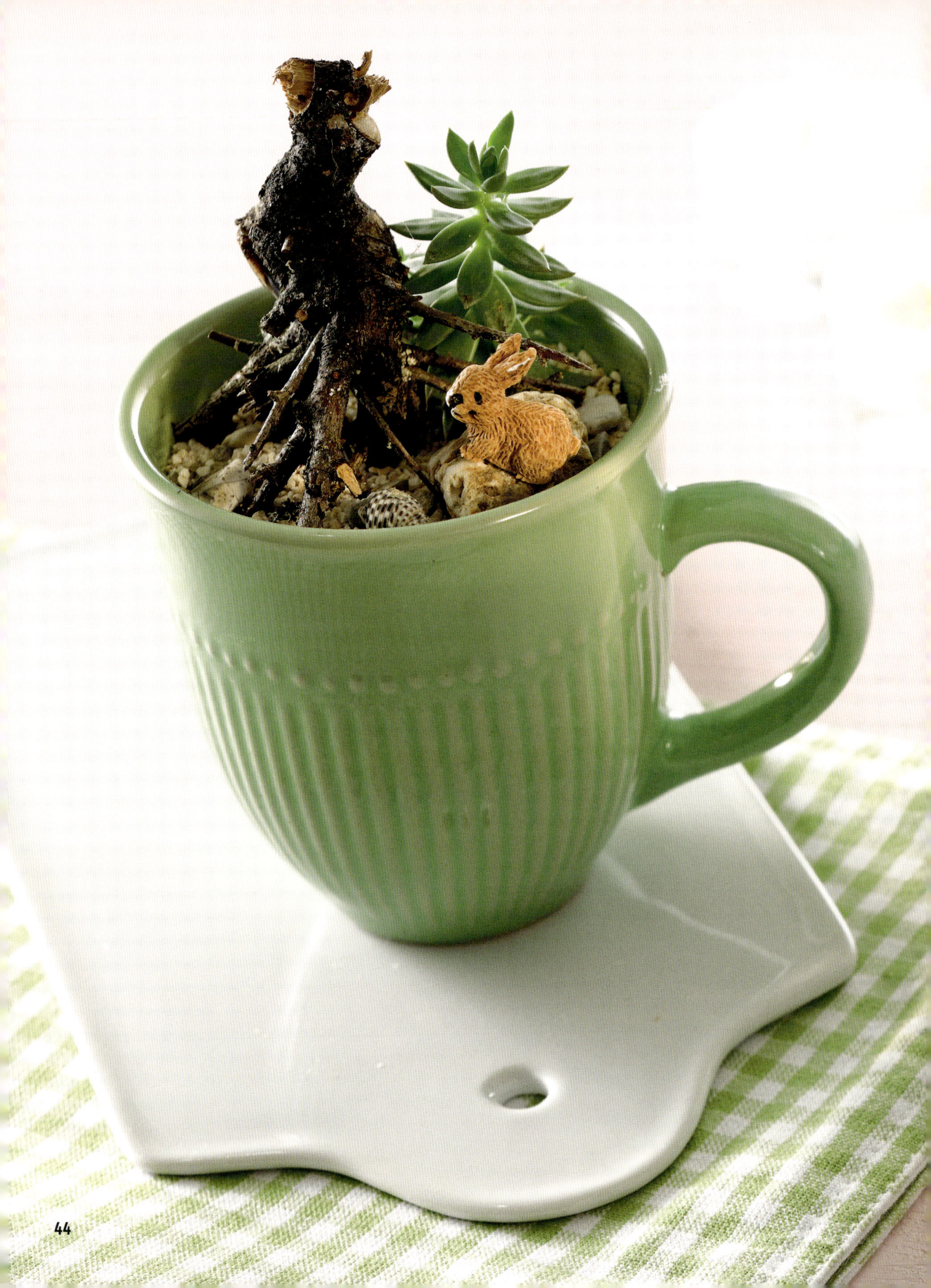

AUF DER WALDLICHTUNG

Tasse mit Schlehenast

1 Die Tasse mit dem zurechtgeschnittenen Steckblock füllen.

2 Zum Bepflanzen die Steckmasse herausschneiden, mit Sukkulenten-Erde füllen und die Fetthenne einsetzen. Die Oberfläche mit Deko-Kies bedecken.

3 Den Schlehenast etwa 4 cm unterhalb der Verzweigung abschneiden. Den Ast mit den Verzweigungen und den Dornen nach unten in die Tasse setzen.

4 Die Ziersteine verteilen und das Kaninchen mit Heißkleber auf einem der Steine festkleben.

MATERIAL

Tasse, ø 9 cm

Kaninchen, 2,5 cm x 3 cm

Sukkulente: Fetthenne

Sukkulenten-Substrat

Nassteckziegel

Deko-Kies

Ziersteine

Schlehenast, stark verzweigt, ø ca. 3 cm, etwa 8 cm hoch

Messer

Gartenschere

Heißkleber

MOTIVHÖHE

ca. 17 cm

TIPP

Die Oberfläche kann auch mit Moos bedeckt werden.

ERHOLUNG IM GRÜNEN

Tasse mit Schaukel

MATERIAL

Tasse, ø 11 cm

Minifigur, sitzend, 2,5 cm x 1,8 cm

2 Holzmarienkäfer, je 1 cm lang

Mini-Hauswurze

Sukkulenten-Substrat

Nasssteckziegel

Ast mit waagerechtem Zweigansatz, ø 15 mm

Walnussschale

Sisalschnur, ca. 30 cm lang

Deko-Kies

Plattenmoos

Messer

Heißkleber

MOTIVHÖHE

ca. 25 cm

1 Die Tasse mit Steckmasse auskleiden. Für das Beet mit einem Messer Steckmasse ausschneiden und mit Sukkulenten-Erde füllen. Die Hauswurze pflanzen.

2 Den Ast wie abgebildet in den Steckziegel stecken, sodass er 16 cm aus der Erde ragt. Die Steckmasse mit Moos und Deko-Kies bedecken.

3 Für die Schaukel eine Walnuss halbieren. Den Kern entnehmen und den Schalenrand säubern.

4 Zwei etwa 15 cm lange Stücke von der Sisalschnur abschneiden. An beiden Schnurenden einen Knoten machen. Klebstoff auf die Knoten auftragen und die Knoten an der Schaleninnenseite festkleben.

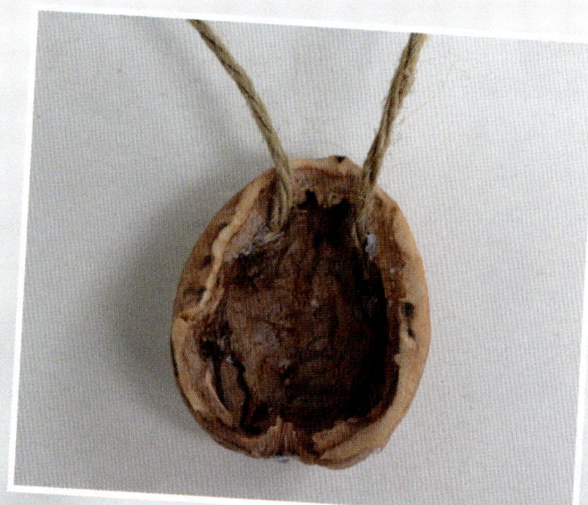

5 Die Figur in der Nussschale fixieren. Die Schaukel an dem waagerechten Ast festbinden. Die Marienkäfer platzieren.

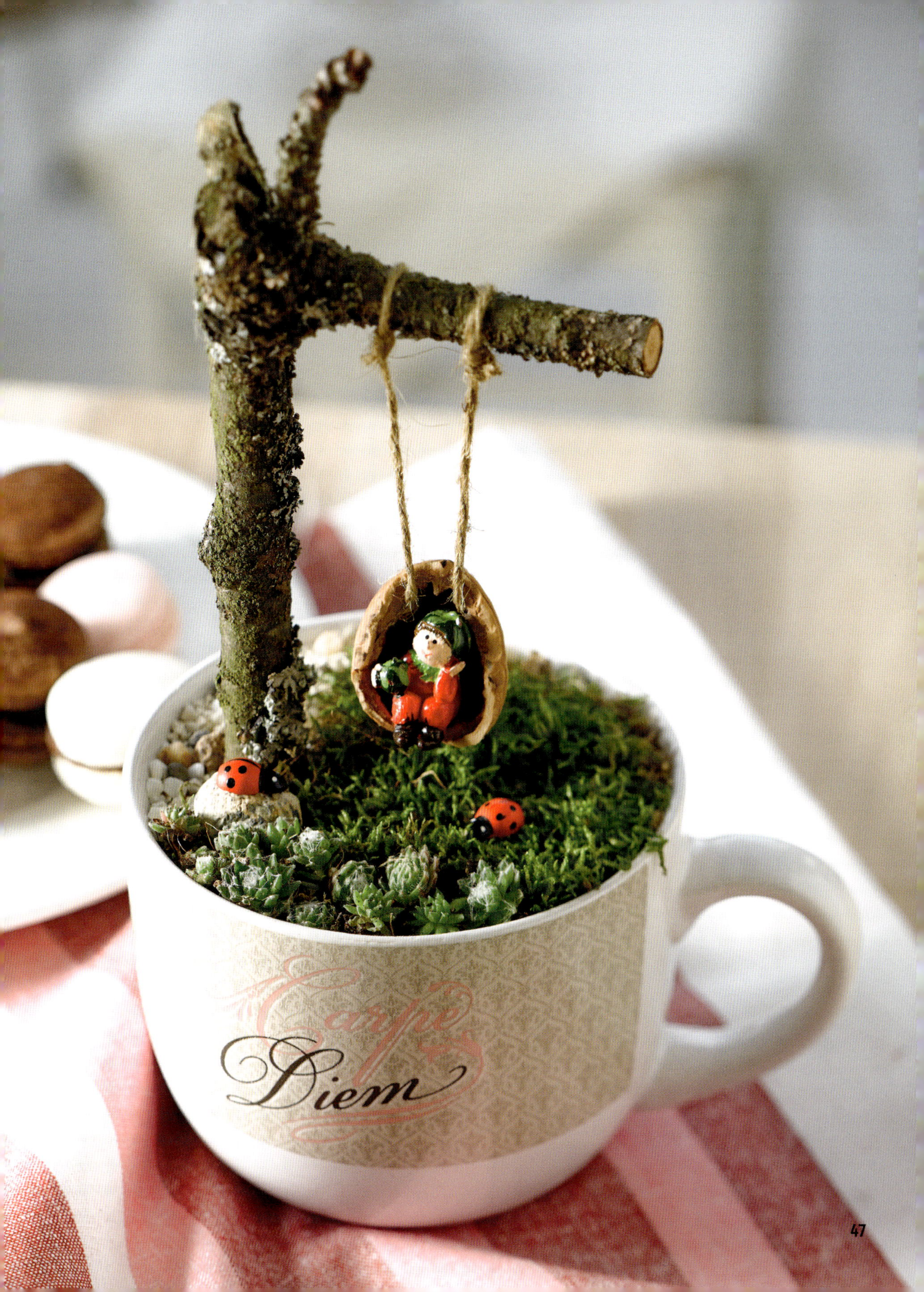
Carpe
Diem

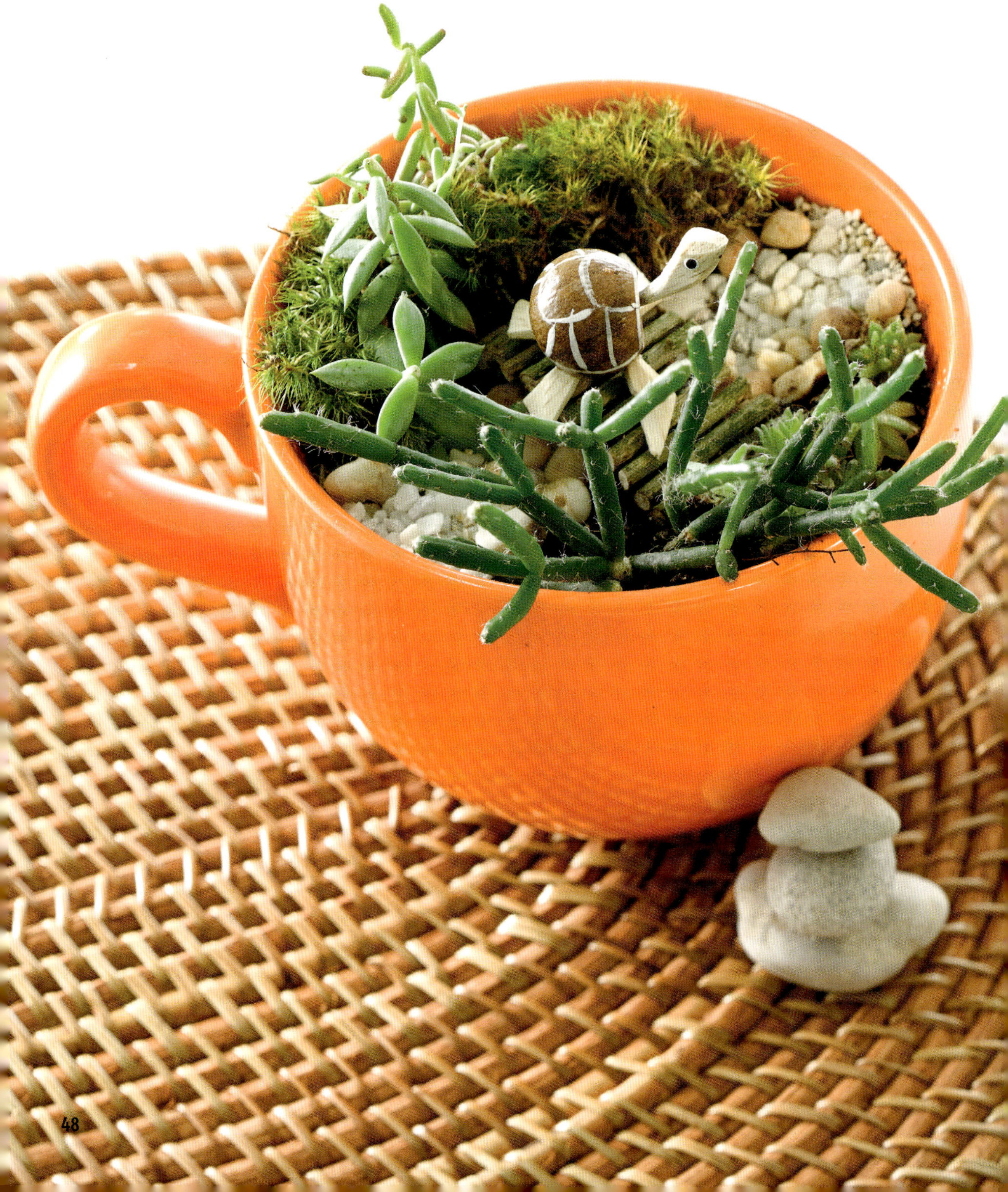

FERNÖSTLICHES FLAIR

Japanischer Garten mit Brücke

1 Die Tasse zu einem Drittel mit Splitt füllen und mit Gartenvlies bis kurz unter den Rand auskleiden. Sukkulenten-Substrat bis 2 cm unterhalb des Tassenrandes einfüllen.

2 Für das Flussbett mit einem Esslöffel eine Rinne ziehen. Rechts und links von der Rinne wie abgebildet die Sukkulenten pflanzen und gießen.

3 Den verbliebenen Freiraum mit Moos bedecken. Die Rinne noch einmal mit dem Löffel nachziehen, dabei die Erde fest andrücken.

4 Das angelegte Flussbett mit Sand und Deko-Kies bedecken und rechts und links mit Steinen begrenzen.

5 Den Brückenunterbau aus der Buchenrinde, 3 cm breit und etwa 2 cm länger als die Flussbettbreite, zurechtschneiden. Aus dem Holzstecken mit der Gartenschere ca. 20 je 4 cm lange Stücke zuschneiden. Diese wie abgebildet auf der Rindenunterlage festkleben.

MATERIAL

Jumbotasse, ø 12 cm, mit passendem Untersetzer
diverse Sukkulenten
Schildkröte, 3 cm x 2 cm
Deko-Kies
Ziersteine
Gartenvlies
Quarzsand
Splitt
Buchenrinde, ca. 2,5 cm x 10 cm
Frauenhaarmoos
Liguster- oder Haselnussstecken, ø 3 mm, ca. 1 m lang
Sukkulenten-Substrat
Esslöffel
Heißkleber
Gartenschere

MOTIVHÖHE

ca. 15 cm

TIPP
Sie können auch andere Figuren verwenden.

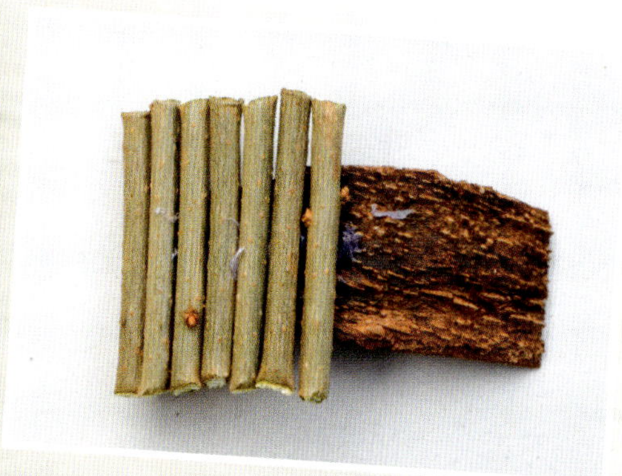

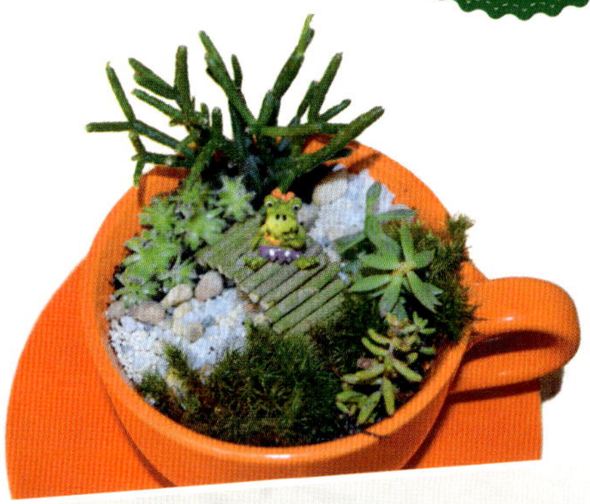

MODERNER GARTEN

Schale mit Aloe vera und Gartensteckern

MATERIAL

Schale, ø 15,5 cm mit passendem Untersetzer

Sukkulenten: Mini-Aloe vera und Mini-Hauswurze, Blattsukkulente

Sukkulenten-Substrat

beliebige Zierperlen, ø 1–1,2 cm

diverse Ziermuscheln

Splitt

Gartenvlies

Granulat in Weiß

flache Ziersteine

Blumendraht, geglüht, 2 × 15 cm lang

MOTIVHÖHE

ca. 16 cm

1 Die Schale zu einem Viertel mit Splitt füllen. Mit Gartenvlies bis 2 cm unter den Tassenrand bedecken. Die Schale mit Sukkulenten-Substrat füllen.

2 Die Mini-Aloe vera einpflanzen und um diesen Bereich im Kreis zwei Reihen Steine übereinander setzen, dabei die zweite Reihe im Verbund legen.

3 Wie unten abgebildet die Hauswurze und die Blattsukkulente pflanzen. Die Erde im Bereich um die Blattsukkulente mit Granulat bedecken.

4 Für die Gartenstecker den Blumendraht an einem Ende umbiegen, sodass eine kleine Schlaufe entsteht. Die Zierperlen beliebig auffädeln. Die Gartenstecker platzieren, die Muscheln locker um die Blattsukkulenten arrangieren.

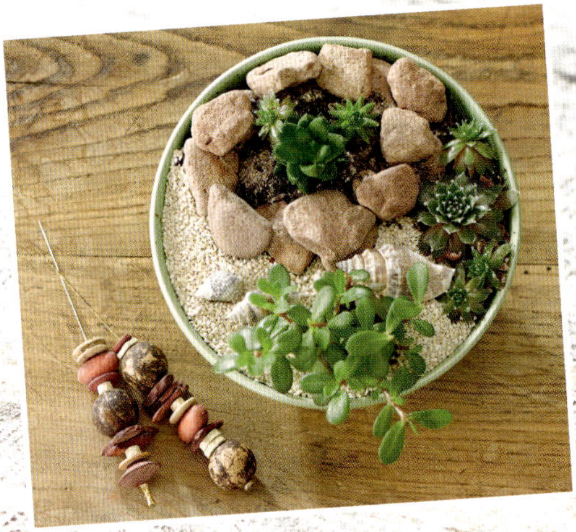

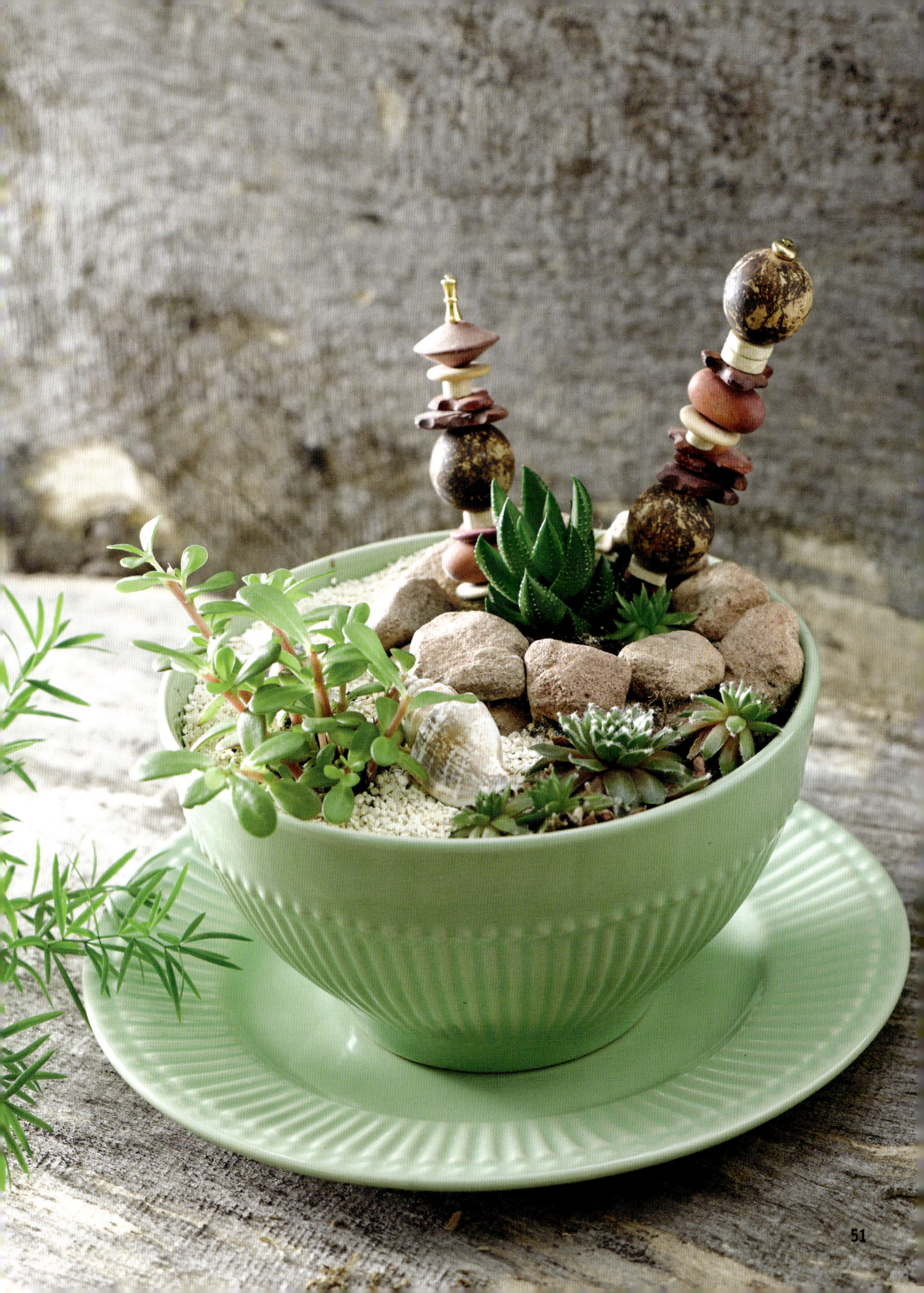

RÜCKZUGSORT FÜR FLEISSIGE GÄRTNER

Jumbotasse mit rotem Stuhl

1 Die Tasse zu einem Viertel mit Splitt füllen und mit Gartenvlies bis 1 cm unter den Tassenrand bedecken. Die Tasse dann mit Sukkulenten-Erde füllen

2 Das vordere Drittel mit Hauswurz bepflanzen und das Beet mit Rindenstücken eingrenzen. Im linken hinteren Bereich den Speckbaum pflanzen und diesen Bereich mit Deko-Kies abdecken. Die restliche Fläche mit Moos bedecken.

3 Für die Gartenleuchte den Blumendraht an einem Ende umbiegen, sodass eine kleine Schlaufe entsteht. Die Perlen auffädeln. Die Quetschperle einfädeln und mit der Zange fest zusammendrücken. Den Draht auf die gewünschte Länge kürzen und die fertige Leuchte wie abgebildet feststecken.

4 Den Stuhl mit der roten Acrylfarbe bemalen, trocknen lassen. Stuhl und Marienkäfer im Garten platzieren.

MATERIAL

Jumbotasse, ø 12 cm, mit passendem Untersetzer

Mini-Speckbaum und Mini-Hauswurze

Sukkulenten-Substrat

Gartenvlies

Holzmarienkäfer, 1 cm lang

Stuhl aus Naturholz, 4,5 cm x 3,5 cm x 5 cm

Glas- oder Kunststoffperle, transparent, ø 1,5–2 cm

verschiedene kleine Zierperlen

1 Quetschperle

Acrylfarbe in Rot

Deko-Kies

Blumensteckdraht, geglüht, ø 0,8 mm, ca. 15 cm lang

Plattenmoos

Rindenstücke

Pinsel

Zange

Seitenschneider

MOTIVHÖHE

ca. 20 cm

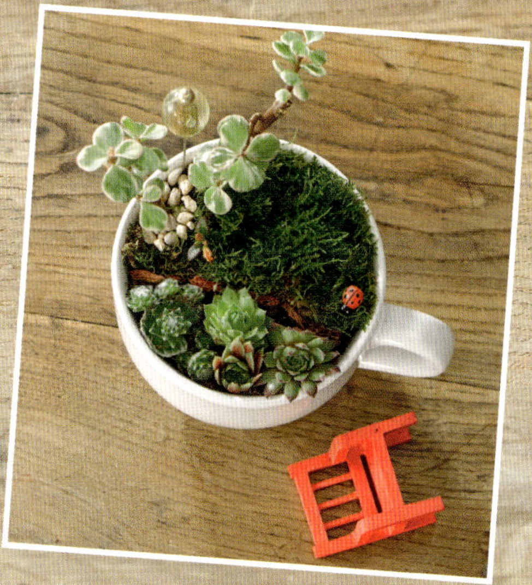

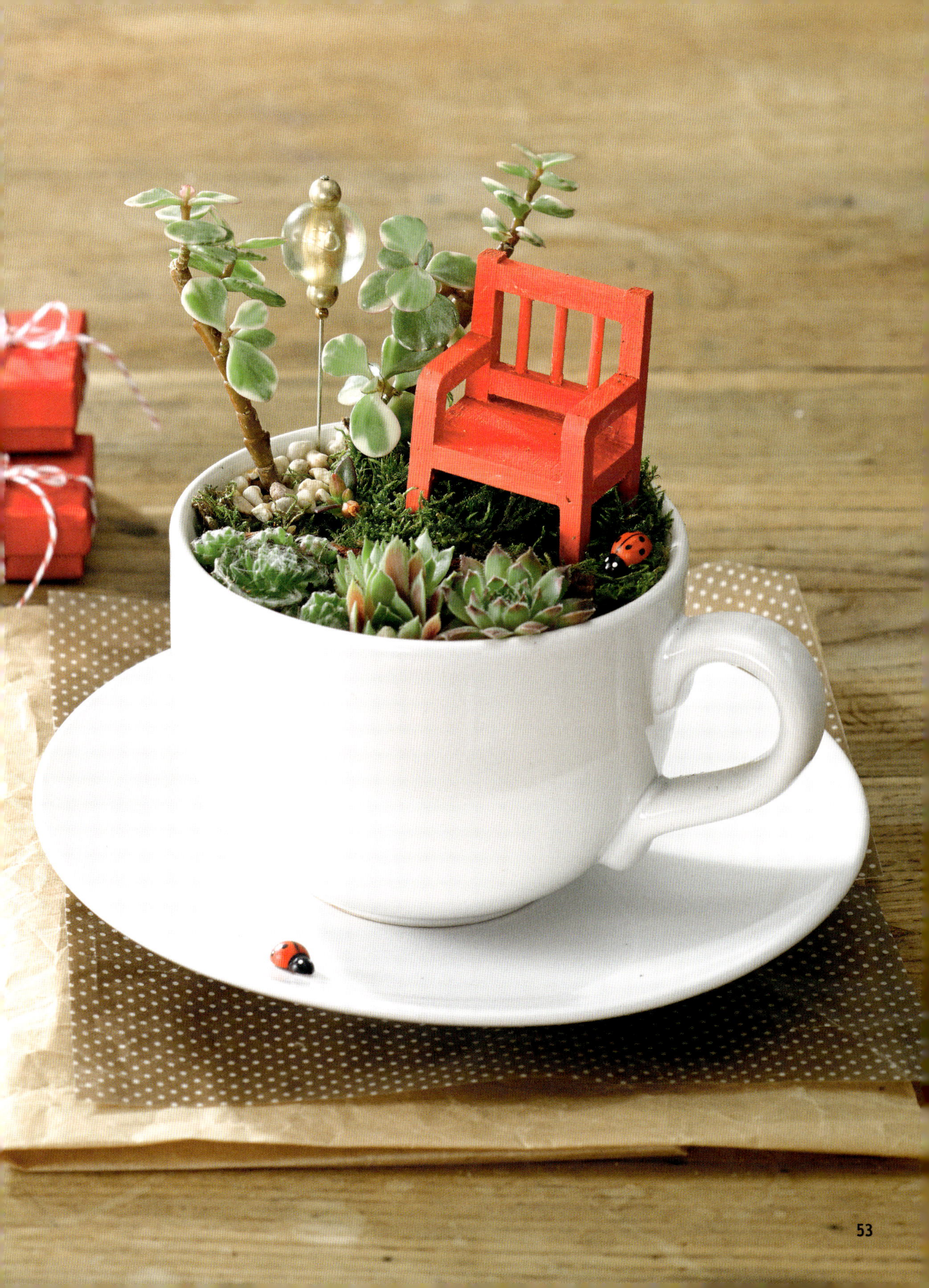

ZEIT ZUM AUSRUHEN

Schale mit Reisigzelt

1 Einen Pinholder auf dem Schalenboden festkleben. Wie auf dem Foto gezeigt, einen etwa 9 cm breiten Steckziegel in der Schale fixieren.

2 Für das Reisigzelt mit dem Trinkglas einen Abdruck auf dem Steckziegel machen. Aus dem Birkenreisig 20 cm lange Stücke schneiden und diese entlang der Markierung in die Steckmasse stecken. Birkenreisig finden Sie fast das ganze Jahr unter Birken.

3 In 10 cm Höhe das Reisig bündeln und mit Sisalschnur festbinden. 5 cm oberhalb der Bindestelle das Reisig abschneiden.

4 Den noch verbliebenen Gefäß-Innenraum mit Vlies auslegen und mit Sukkulenten-Erde füllen. Die Beete bepflanzen. Moos auflegen und teilweise mit Steinen eingrenzen. Die restliche Fläche mit Granulat und Deko-Kies bedecken.

5 Die Figur auf dem Rindenstück positionieren und aufkleben, die Kanne nach Wahl platzieren.

MATERIAL

- Schale, ø 15,5 cm, mit passendem Untersetzer
- diverse Sukkulenten
- Sukkulenten-Substrat
- Minifigur liegend, 3 cm x 2 cm
- 2 Holzmarienkäfer, je 1 cm lang
- Kanne, 3 cm hoch
- Nasssteckziegel
- Pinholder
- Granulat
- Deko-Kies
- Ziersteine
- Birkenreisig, ca. 25 cm lang
- Sisalschnur, ca. 25 cm lang
- Plattenmoos
- Rindenstück
- Trinkglas, ø 7 cm
- Heißkleber
- Schere
- Gartenschere

MOTIVHÖHE

ca. 21 cm

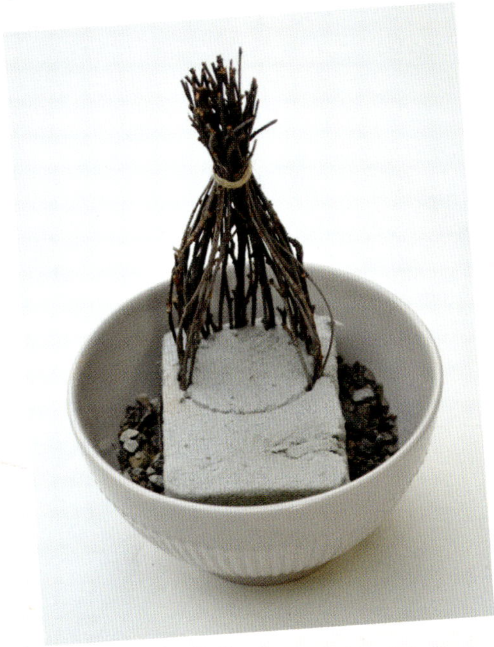

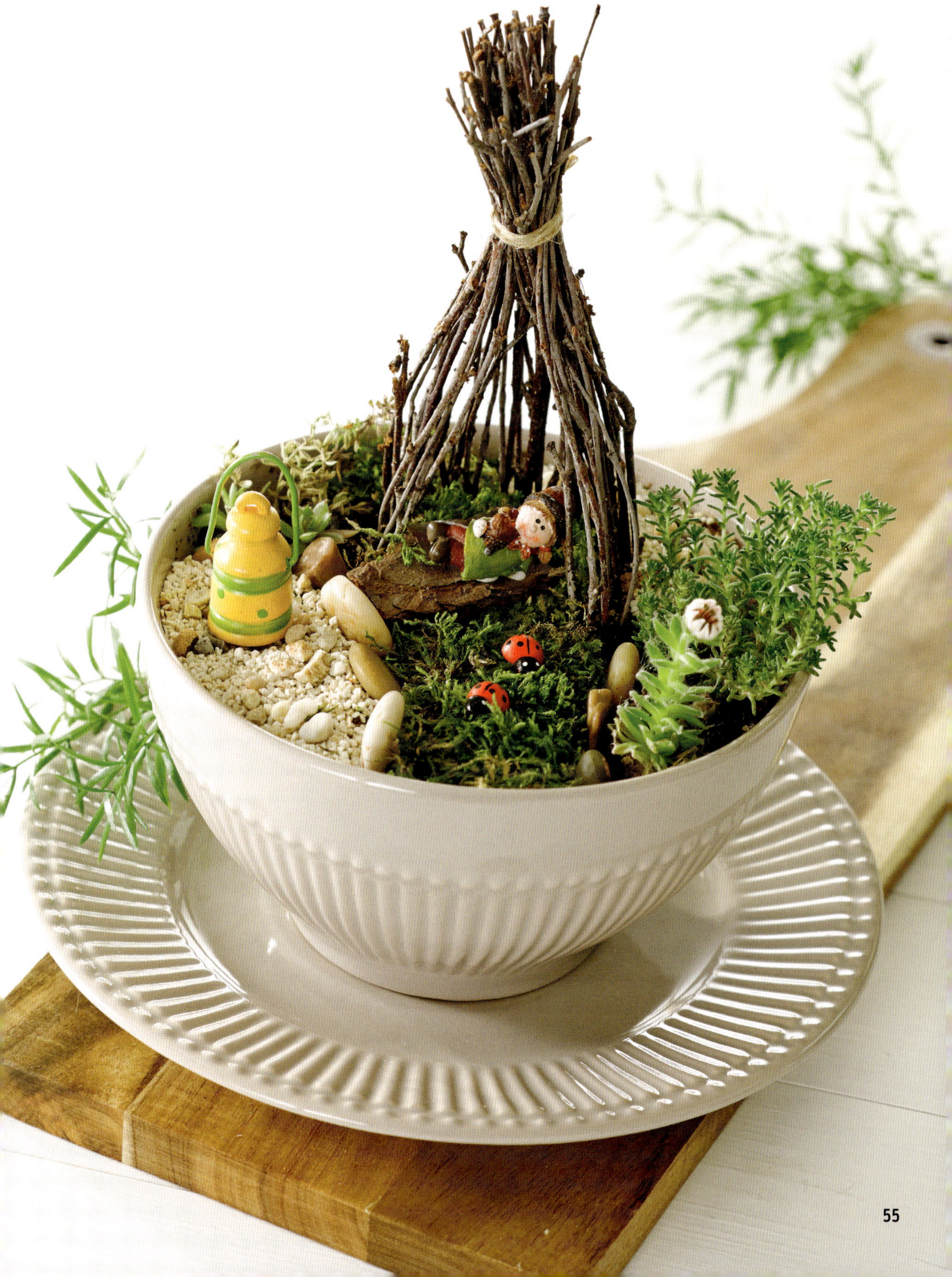

DEKORATIVE FINANZSPRITZE

Schale mit Geldbaum und Mäusen

MATERIAL

Schale, ø 16 cm

2 Mäuse, je 4 cm x 2,5 cm

2 Fliegenpilze, je 2,5 cm hoch

Minibaumscheibe, 4,5 cm x 3 cm

Satinband, 3 mm breit, 3 × 15 cm lang

Nasssteckziegel

Pinholder

Schlehenast, mit Flechten überzogen

Baumrinde

Plattenmoos

Flechte, 3 cm x 2 cm

Blumenerde

Geldscheine nach Wahl

Heißkleber

Messer

MOTIVHÖHE

ca. 40 cm

1 Einen Pinholder auf dem Tassenboden festkleben. Den zurechtgeschnittenen Steckziegel fixieren. Den Zweig senkrecht mittig in die Schale stecken. Den Steckziegel dann wie abgebildet mit Moos und Erde bedecken.

2 Zwei zuvor in Wasser eingeweichte Rindenstücke jeweils im Maß 5 cm x 3,5 cm zuschneiden. Wie abgebildet in einem spitzen Winkel zwischen Zweigansatz und Tassenrand stellen. An der Innenseite des entstandenen Dachfirstes Klebstoff auftragen und die beiden Teile aneinanderdrücken.

3 Die beiden Fliegenpilze feststecken. Die Minibaumscheibe positionieren und eine der Mäuse darauf platzieren. Die andere Maus sucht unter dem Spitzdach Unterschlupf.

4 Die Geldscheine breitseitig fächerförmig falten, mittig knicken und mit Satinband zusammenbinden. Die Scheine am Zweig verteilt festbinden.

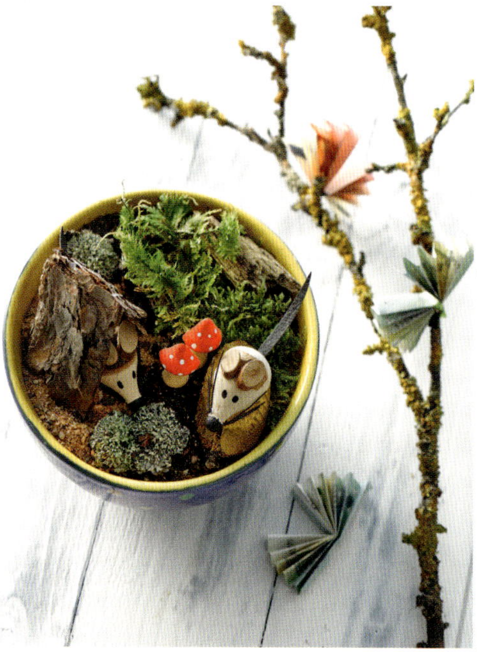

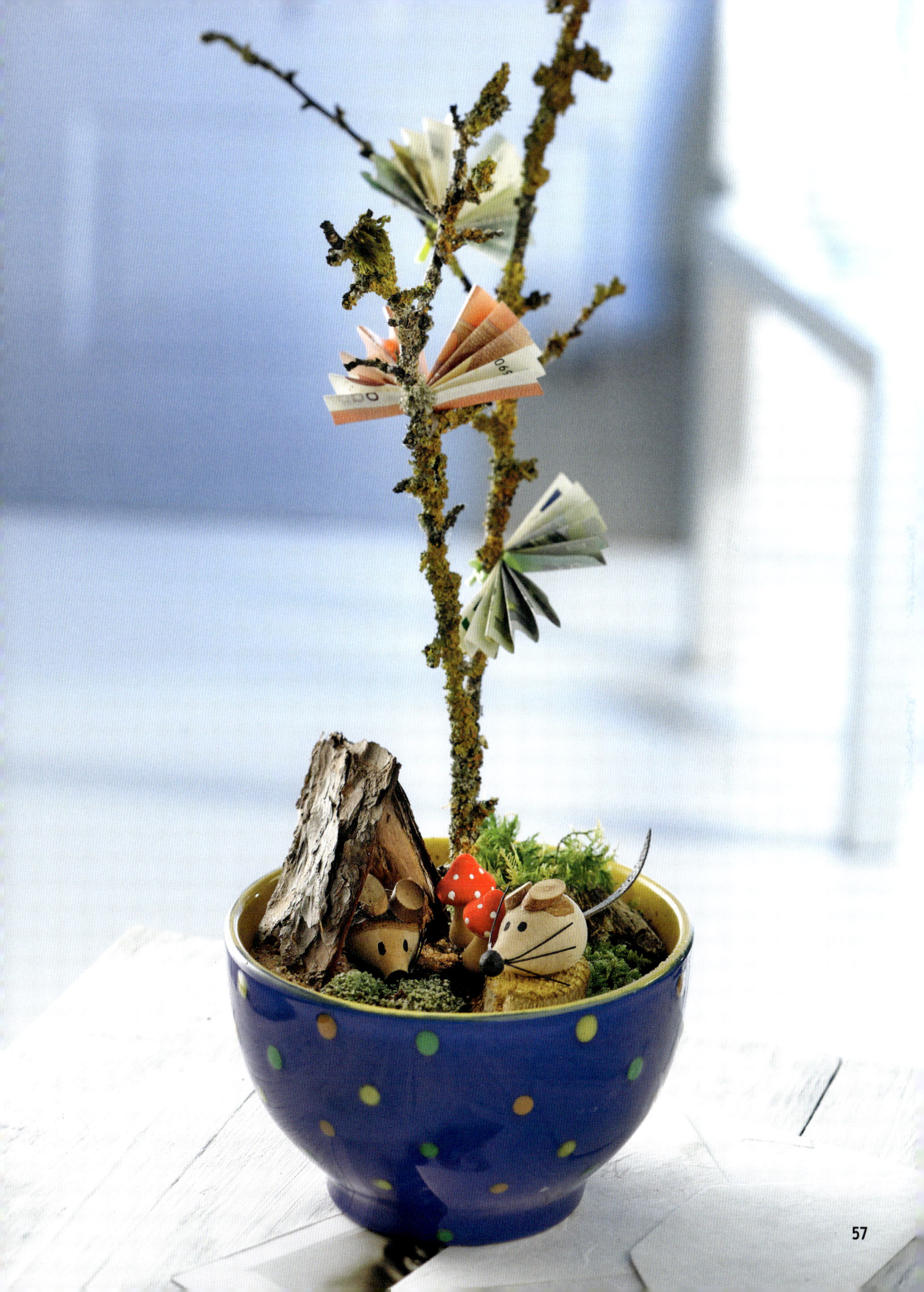

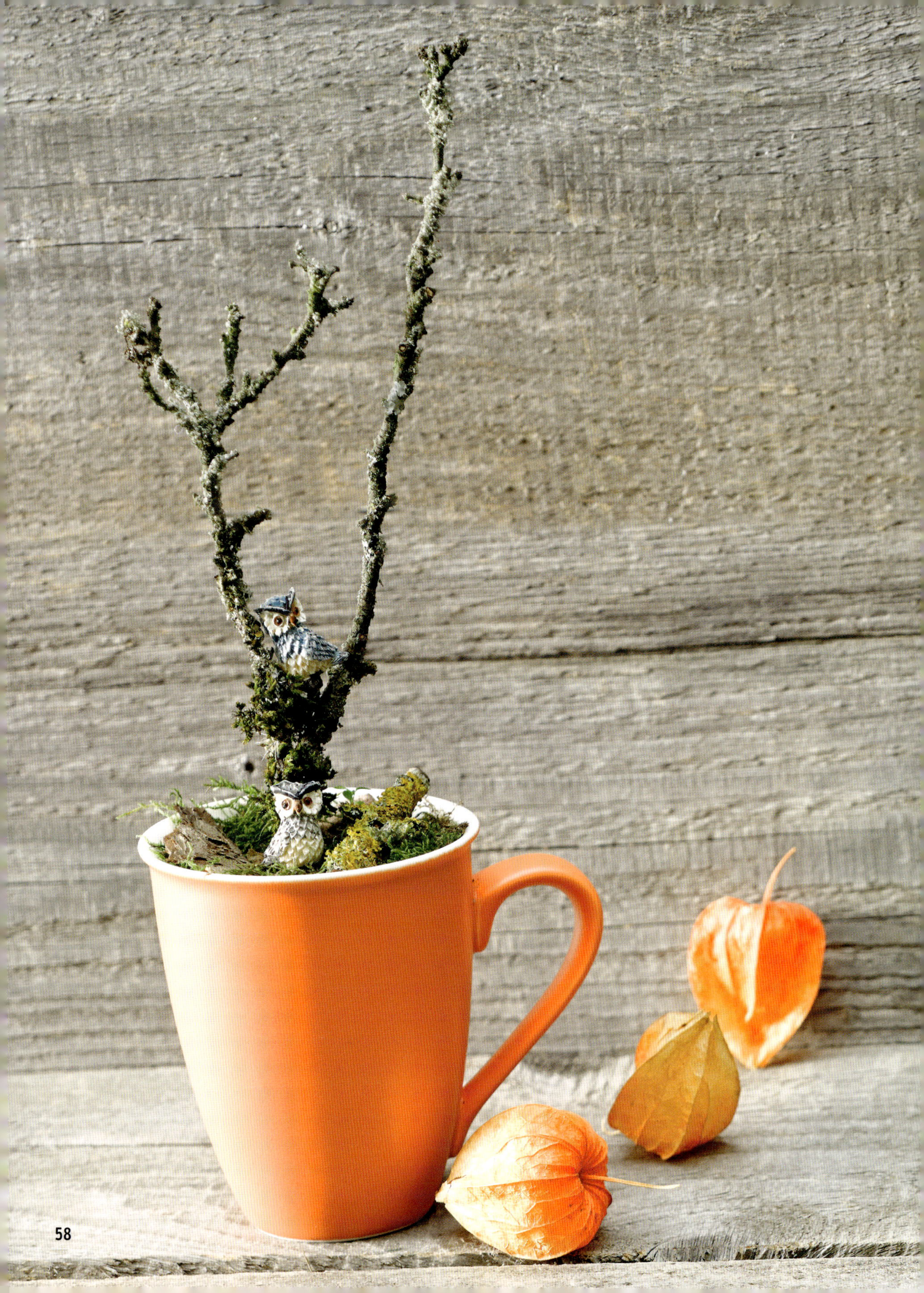

AUFMERKSAME NACHTSCHWÄRMER

Tasse mit Eulen

1 Die Tasse jeweils mit der zurechtgeschnittenen Steckmasse füllen.

2 Den langen Zweig senkrecht feststecken. Die Steckmasse mit Plattenmoos abdecken.

3 Die Rinde und den kurzen Zweig positionieren und die beiden Eulen mit Klebstoff fixieren.

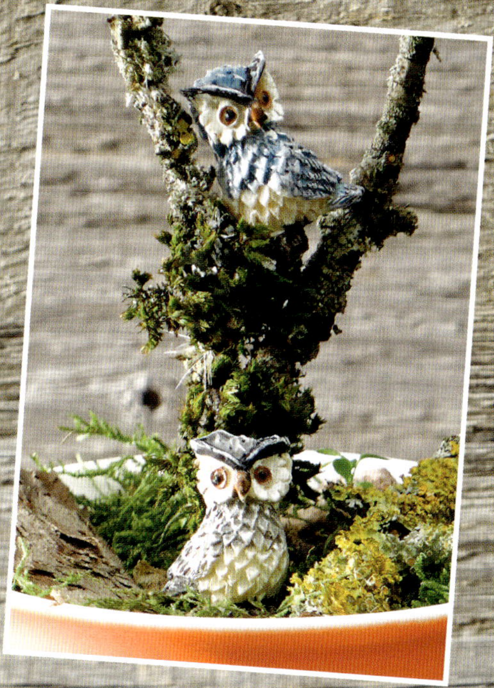

TIPP
Das Motiv lässt sich für andere Jahreszeiten leicht abwandeln. Sie können auch grüne Zweige und andere Vögel verwenden. Eine große Auswahl an kleinen Figuren finden Sie im Hobbyfachhandel, in Spielwarenläden oder Geschäften für Modellbaubedarf.

MATERIAL

Tasse, ø 8,5 cm

Nasssteckziegel

2 Eulen, 2,5 cm x 2,5 cm

Zweig, mit Flechten und Moos überzogen, ca. 25 cm lang

Zweigabschnitt, ø 12 mm, 8 cm lang

Plattenmoos

Rindenabschnitt

Messer

Heißkleber

MOTIVHÖHE

ca. 28 cm

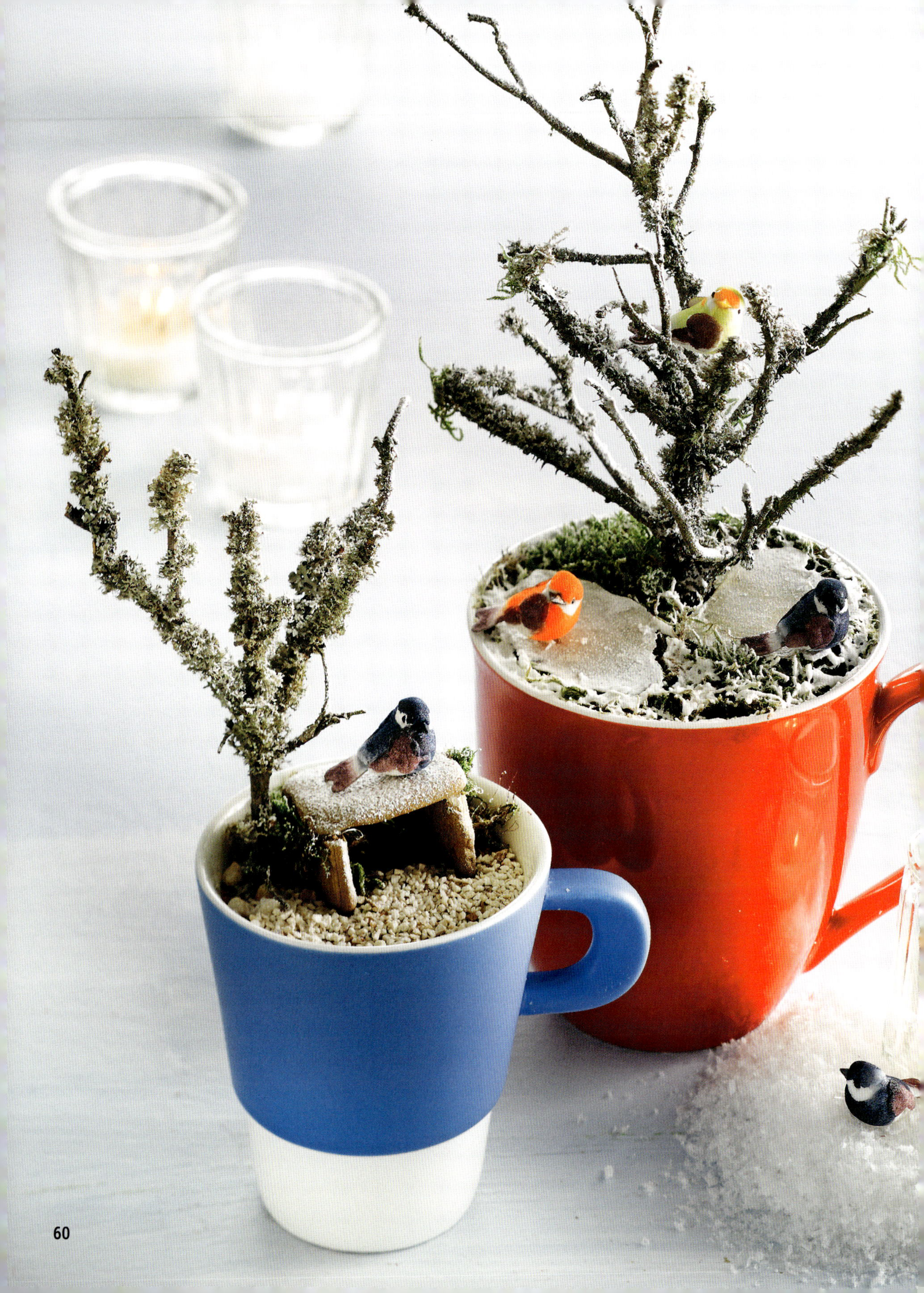

WINTERIMPRESSIONEN

Tassenduo mit Schlehenästen

1 Die Tassen jeweils mit Steckmasse füllen. Die baumförmig gewachsenen Zweige jeweils darin feststecken.

2 Bei der großen Tasse die beiden Perlmuttplättchen als Eisflächen auflegen. Die Steckmasse jeweils mit Moos bzw. mit Granulat bedecken.

3 Für die kleine Tasse aus den drei flachen Steinen die Bank fertigen. Dazu die Steine wie abgebildet zusammenkleben. Die Bank platzieren.

4 Den Baum sowie die Gestaltungsoberflächen jeweils vorsichtig mit Schneespray besprühen. Dabei darauf achten, dass die Eisflächen noch sichtbar sind (evtl. vorher mit Küchenvlies abdecken).

5 Abschließend die Vögel positionieren.

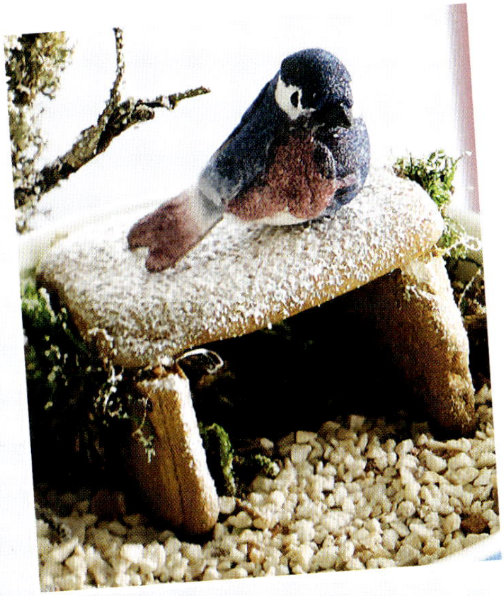

MATERIAL

Tasse, ø 8,5 cm

Milchkaffee-Tasse, ø 10 cm

4 Minibaumpilzvögel, je 2,5 cm groß

2 Perlmuttplättchen

Schneespray

Nasssteckziegel

2 Schlehenzweige, baumförmig gewachsen, ca. 15 cm und 25 cm lang

Plattenmoos

Granulat

3 flache Steine

Heißkleber

evtl. Küchenvlies

MOTIVHÖHE

Blaue Tasse

ca. 20 cm

Rote Tasse

ca. 25 cm

VORLAGEN

Seite 14, Just Married!

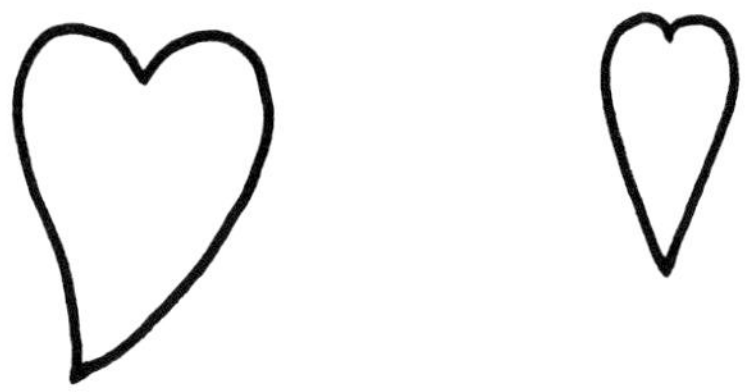

Seite 36, Heute ist Waschtag!

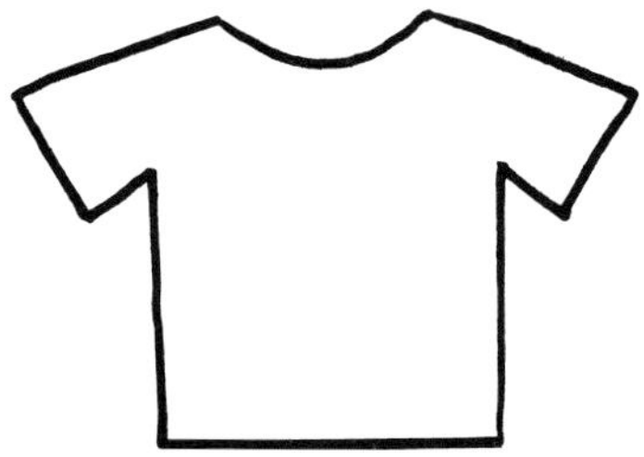

Seite 36, Faltskizze

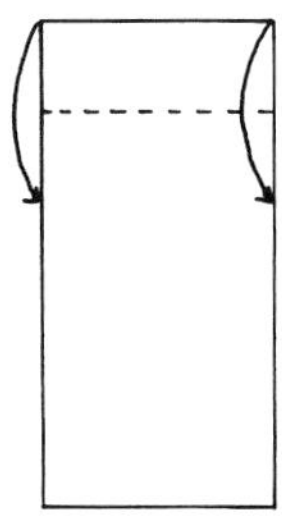

1. Das obere Ende 2 cm nach unten falten.

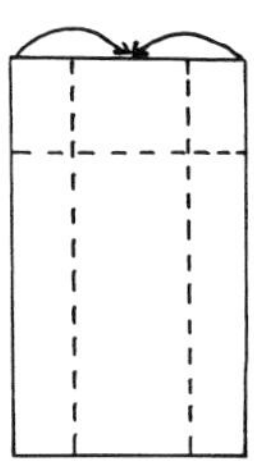

2. Den rechte und linken Rand jeweils zur Mittellinie falten.

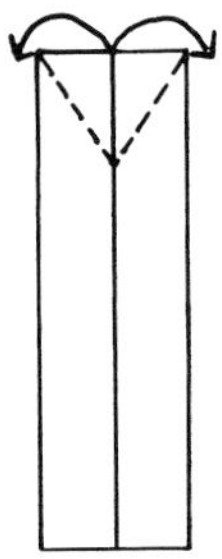

3. Die beiden inneren Ecken nach außen falten.

4. Das untere Ende 5 mm nach hinten umschlagen.

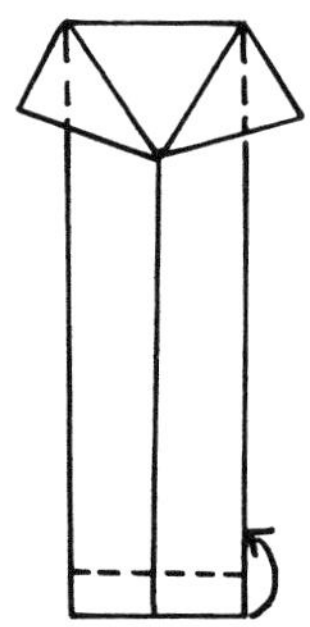

5. Die unteren Enden nach innen knicken.

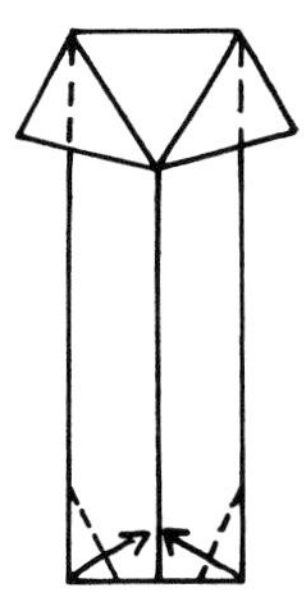

6. Die Oberkante nach unten falten.

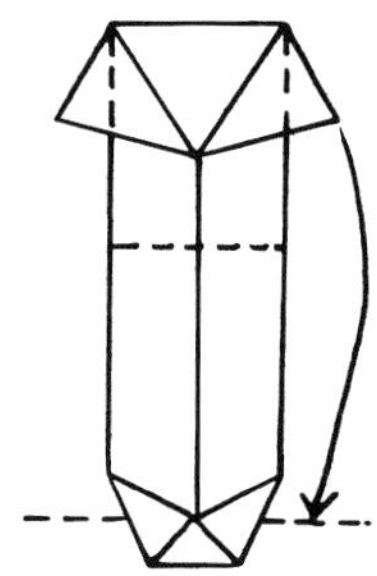

7. Die „Kragenspitzen" über den Rand ziehen.

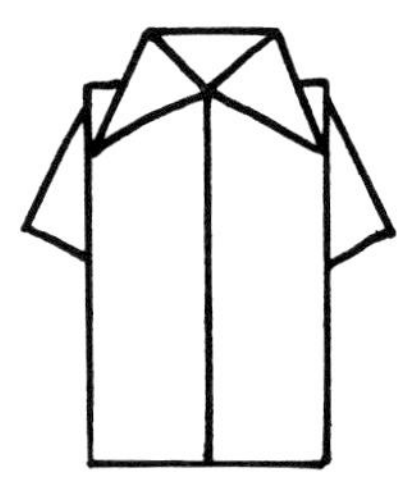

BUCHTIPPS FÜR SIE

Sie hätten gerne noch mehr Bastelanregungen quer durch alle Kreativdisziplinen? Dann werden Sie hier bestimmt fündig:

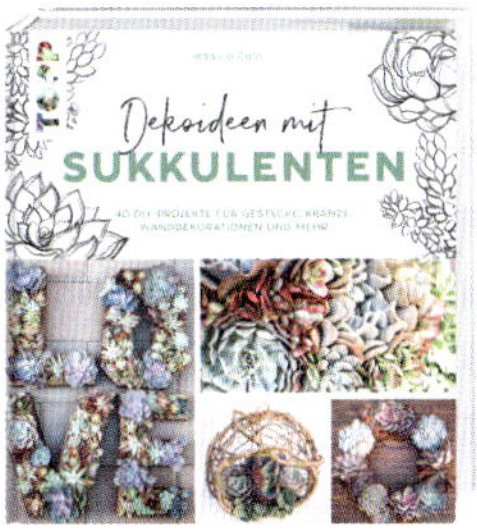

ISBN 978-3-7724-4492-0

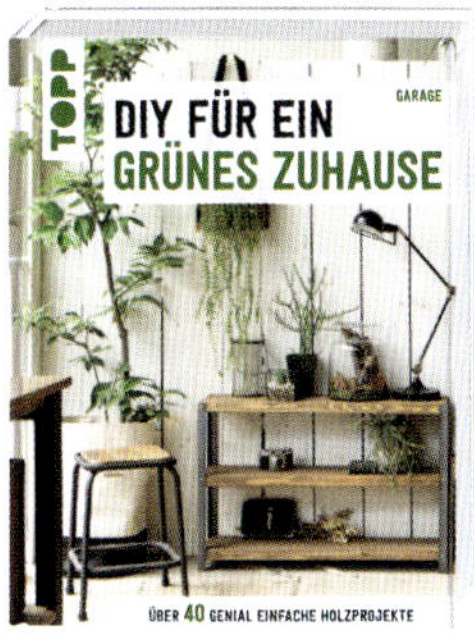

ISBN 978-3-7724-7597-9

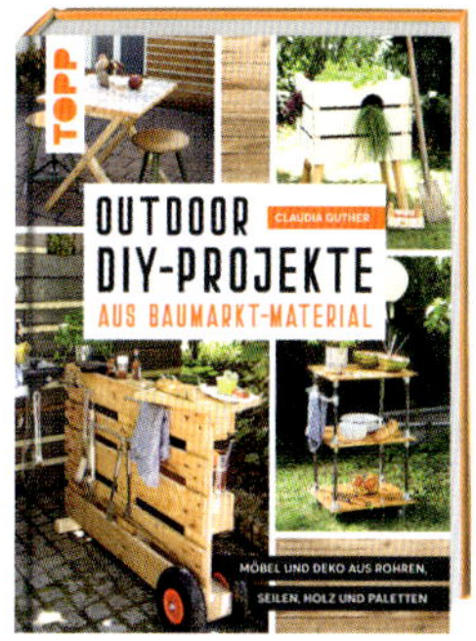

ISBN 978-3-7724-4520-0

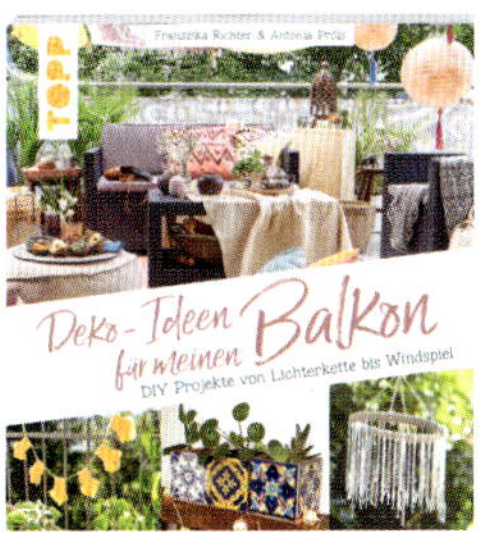

ISBN 978-3-7724-4544-6

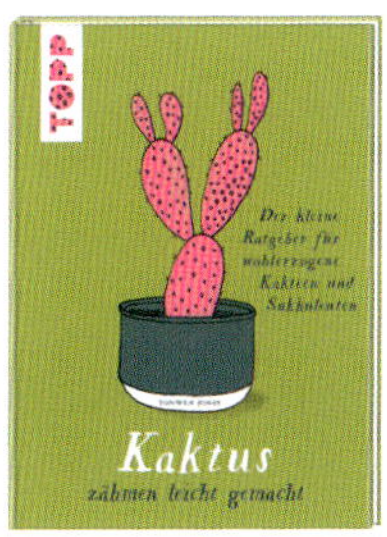

ISBN 978-3-7724-7250-3

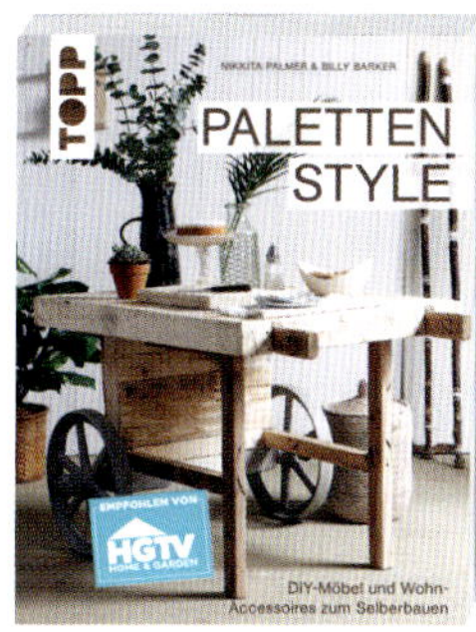

ISBN 978-3-7724-5342-7

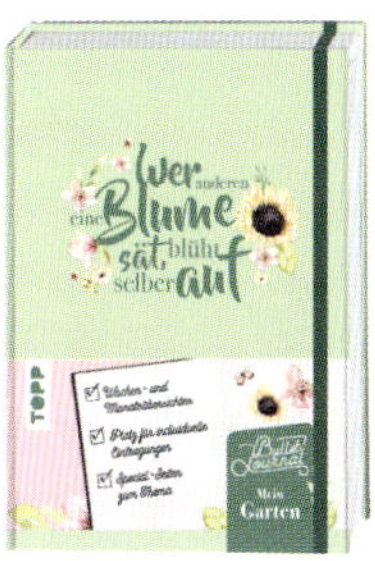

ISBN 978-3-7724-7171-1

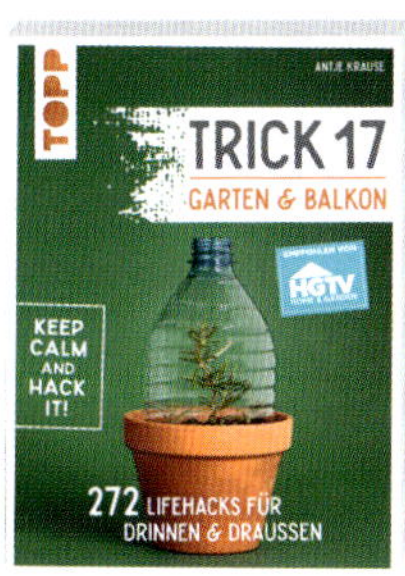

ISBN 978-3-7724-7181-0

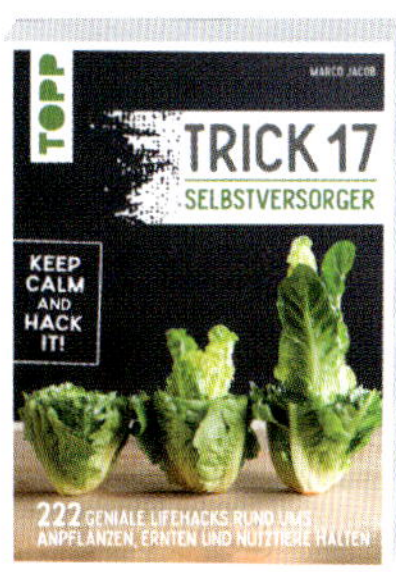

ISBN 978-3-7724-4522-4

Weitere Buchempfehlungen und Inspirationen finden Sie auf unserer Webseite.
Besuchen Sie uns auf www.topp-kreativ.de

DiE AUTORiN

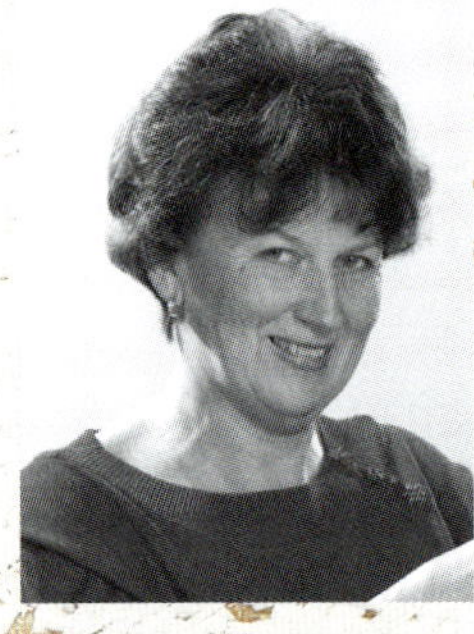

Annette Kunkel veröffentlicht seit vielen Jahren erfolgreiche Kreativbücher zu verschiedenen Themen im frechverlag. Seit 2001 arbeitet sie regelmäßig mit ihrer Tochter Natalie Kunkel zusammen. Dabei ergänzen sich ihre unterschiedlichen Stilrichtungen und Vorlieben mit ihrer gemeinsamen Faszination, schöne Dinge zu gestalten. Nun ist das erste Buchprojekt mit ihrer jüngsten Tochter Katharina Kunkel erschienen, die ebenfalls das handwerkliche Geschick von ihrer Mutter geerbt hat.

iMPRESSUM

FOTOS: frechverlag GmbH, 70499 Stuttgart; Annette Kunkel (Pflanzen und Arbeitsschritte S. 10/11, 12, 19, 20, 24, 28, 49, 54); Lichtpunkt, Michael Ruder (alle anderen)
PRODUKTMANAGEMENT: Monique Rahner
LEKTORAT: Redaktionsbüro Uta Koßmagk, Wiesbaden
REIHENLAYOUT: Katrin Röhlig
SATZ: Reemers Publishing Services GmbH, Krefeld
DRUCK UND BINDUNG: PNB Print Ltd, Lettland

5. Auflage 2021

ISBN 978-3-7724-7618-1 • Best.-Nr. 7618